ADHDの僕がグループホームを作ったら、モヤモヤに包まれた

障害者×支援＝福祉??

山口政佳［著］
田中康雄［ゲスト］

明石書店

はじめに

田中康雄

この本を手にとって読まれた方には、ぜひ複数回目を通していただくことを切望します。一読しただけでは、よく分からないかもしれないからです。かといって、何度か読んだからといって答えが見つかる本ではありません。

1999年だったと思います。生きづらさを抱えた山口さんと僕は外来で出会い、少し付き合いながら、通院という関係が終わっても彼が棲む土地を僕が訪れた機会に再会し、何度かメールでもやりとりし、2018年に久しぶりに札幌で再会しました。

そのときは奥様もご一緒され、クリニックで少しですが会話をしました。そのとき、どういった流れか分からない中、山口さんは、当事者であり支援者でもある中で感じている言いようのない「気持ちの悪さ」を語り続けました。

久しぶりの再会でしたが、旧交を温めるといった雰囲気ではなく、まさに進行形での思いを語り続け、かつての診察室で見せた、ごまかしきれないもどかしさの表情を見せました。僕は、十分にチューニングできないまま、２人をクリニックの玄関で見送りました。

その後、山口さんから本書でも触れられたメールが届き、僕はそれを受け、ほとんど衝動的に、僕にとって最高に信頼している編集者に相談しました。

僕が２０１８年７月に編集者である中野さんへ送ったメールです。

お元気ですか？

長野にお住まいの発達障害当事者の方が、自分の思いを本にしたいという希望をもっています。その方が20代のときに僕が診察診断し、今は40代となり、長野で福祉の仕事をしつつ最近グループホームを立ち上げられました。同じ福祉の仕事をされている方とこれも最近結婚されました。

たくさんの苦労と多くの援助から今がある方ですが、福祉の仕事の中で憂い危機感を覚えてもいます。ただ、自力で周囲に伝えられる本を著すのは困難です。その彼からだれか編集者をという依頼がありました。出版社にも相談する必要がありますが、丁寧な編集が事前に必要です。

ということで、本書の企画・ライティング・編集という大役を、僕は中野さんに丸投げしました。ほんの少しの罪悪感から「僕も何らか協力しますので……」という申し出はさせてはいただいています。

原稿が送られ、何度かオンラインで雑談をし、それをまた中野さんが纏める。

正直、山口さんが表現したい内容は、当時も、そしてこうして活字化された今も、僕は完全に把握できないでいます。キャッチトークで語り合いながらも、校正原稿を読み終えても、僕の中に、依然として「モヤモヤ」「ザワザワ」が消えません。

でも、僕はこうした答えのない収まりの悪さは、嫌いではないのです。いえ、むしろ好きなのでしょう。これはあとがきで山口さんも書かれているように、分かり合うこと、自分を理解すること、相手の思いを捉えることは、当然難しく、無理でもあるということに重なります。

それを表面的に分かったかのような、収まりの良い文章にまとめないでくれた中野さんは、やはり、すばらしいライターだと再確認しました。山口さんの思いに心を添わせ、できるだけのモヤモヤを晴らそうとしながら、文字に置き換えてくれたと思います。文に違和感があると、山口さんも納得できなかったかと想像しますし、中野さんも自身を許さなかったと思います。

その年月を経て、今ようやく、あのとき札幌のクリニックで再会したときに山口さんが語ろうとした「気持ちの悪さ」が表現されました。

僕自身はなんどか「対話」という単語で、関わり・関係性のありように対峙しようとしています。これはまだまだ僕の思いにすぎません。僕にとって、この本にあるモヤモヤを晴らすための一つの手段にしたいという思いが先行しているにすぎません。

もとよりこの本は、当事者の告白本でも支援のありようの指南書でもありません。支援現場にいる当事者でもあり、支援者でもある山口さん個人が抱えている、関係性のありようへの戸惑いや揺れをテーマとしています。なので、読まれた方は、どこにもすっきりした回答があるわけでないことにさまざまな感情を抱き、その戸惑いや揺れに共感したり、違和感を感じたりするかと思います。

また、ここに登場する山口さんと僕以外のエピソードの登場人物は、特定される方でもありません。山口さんがＡＤＨＤとして説明している箇所も、医学的な記述ではありません。山口さんを診察し、診断を下したのは僕です。そこだけは事実です。ただ、本書に記載されている山口さんのＡＤＨＤに関する記述は個人的感覚です。また薬物に対する僕たちのコメントも、あくまでも「そういった感覚、実感がある」ということで、汎化されるものではありません。

どうか読まれる方には、そのあたりにはご理解をいただきますようお願いいたします。

本書の構成ですが、各章それぞれ３つの要素で構成されています。

まずは、それぞれの章の冒頭ではテーマに関連した山口さん自身の経験や考え・疑問が語られます。次に、テーマにつながるさまざまな現場のエピソードに基づいて、山口さんと僕それぞれの視点から思うところを述べています。各章の最後は「キャッチトーク」として、山口さんと僕とでテーマやこれまでの内容について語り合うというものです。オンラインで行った対話は、大きく脱線しながらもとても楽しい時間でした。

さて、あとがきで山口さんが述べているように、この「鴨抜き方式」、お味のほうはいかがでしょうか。

うまいわけではないがなにか癖になりそうだ、という代物に仕上がっていたら、それは中野シェフの腕前です。よい評判が得られないなら、それは僕と山口さんという具材の責任です。そして、この謎のメニューをお品書きに載せてくださいました店主、明石書店の大江さんには、本当に感謝しかありません。

本書を読まれた方が、それぞれの現場で次への対話へと展開されることを、僕は図々しくもちょっぴり期待しています。

また、ご意見・ご感想などもいただければ、僕も山口さんも、そして中野さんも、とてもうれしく思うはずです。

まずは、味見していただけますよう……。

目次

ＡＤＨＤの僕が
グループホームを作ったら、
モヤモヤに包まれた

第二章　本人のものは本人のもの 081

モヤモヤ・ザワザワ
障害者×支援者のエピソード

第三章　本人も支援者もハッピーでありたい！　123

モヤモヤ・ザワザワ
障害者 × 支援者のエピソード

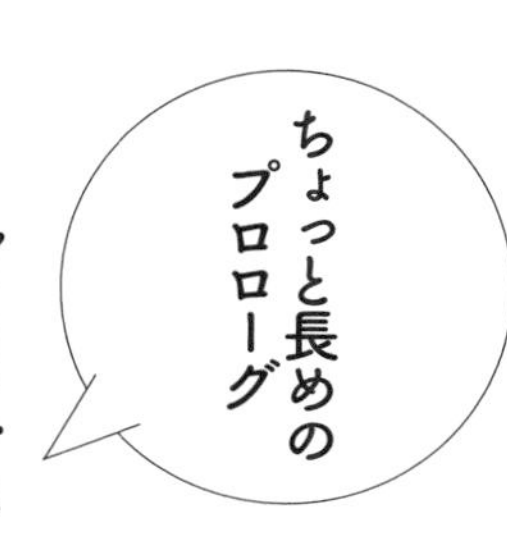

〝当事者〟であり〝支援者〟である僕が抱える「気持ちの悪さ」

ＡＤＨＤの僕のこと

僕って何者？

僕にはＡＤＨＤという発達障害があります。24歳のときに診断され、これまでたくさんの人のサポートや医療・福祉に助けられてきました。

いまは、同じ「当事者」という立場で、障害のある人の相談に応じる仕事（ピアカウンセリング）や、障害のある人たちが一緒に日常生活を送るグループホームの運営に携わっています。

つまり僕は、「障害のある者」であり、「支援に携わる者」でもある。

——と言いながらも、自分をどう表現したら良いのか……。「当事者」と言うと、僕の勝手なイメージですが被害者意識のようなものがくっついちゃっているような気がしてしまうし、「支援者」という言葉にはどうも違和感がある。「ヘルパー」でもない、「大人」

とも言い切れない、「発達障害が１００％」かと言われるとそうでもない気がする……。どれもしっくりこなくて、正直よく分かりません。

ただ、そんな僕が今回本を著したいという思いに至ったのは、僕が支援の現場に出てますます強く感じるようになった疑問について、いろいろな人に「どう思う？」「これって当たり前なの？」と問いかけてみたくなったからです。

障害のある人が社会で生きていくための支援は必要（もちろん、障害のない人もそうですが）。でも、「権利」って、求めるだけで得られてしかるべきものなのかなあ。「権利」を認めてもらうためには、当事者自身が果たさなきゃならないこと、もっと向き合わなきゃならないこともあるんじゃないのかな？　そもそも、社会の中の一人として生きるってどういうこと？　そしてそれを支えるってどういうこと？　「当事者」とか「支援者」とかって何……？

そんな疑問が僕の中でぐるぐるぐるぐるぐる回っているのです。

「山口政佳＝発達障害者・支援したりされたりしている人」が、両面を生きているが故にぶつかる矛盾やモヤモヤに、みなさんの頭をちょっとだけ貸してもらえませんか？

まず本題に入る前に、僕のＡＤＨＤ的な世界やこれまでの歩みについて少し紹介させてください。

ＡＤＨＤの僕の頭の中

よく専門書などで解説されるＡＤＨＤの３つの特徴を僕なりに表現すると、こんなイメージになります。

- 「ぼんやり、うっかり、そそっかしい」がコメディー映画級（不注意）
- 「元気が良い・バイタリティーにあふれている」という言葉では表現しきれないほど動き回る（多動性）
- 「せっかち・向こう見ず・慌て者」では済ませられないほど考えのない行動をとる（衝動性）

ＡＤＨＤが生活の中でどのように現れるかは人それぞれで、僕は「不注意」優勢タイプです。外見的な多動はあまり目立たないので、普段の僕を見てＡＤＨＤと気づかれることはあまりありませんが、実は頭の中が多動です。それっていったいどういう状態？と不思議に思われるでしょうから、少し僕の日常の様子をお伝えします。

○僕の「集中困難」

何かに集中することが大の苦手。というのも、「フリーズしたパソコンのような頭」と「スムーズに動くパソコンのような頭」が、自分の意思とは関係なしに日常的に勝手に入れ替わってしまうことがあるんです。（想像できます？）

フリーズしたパソコンは自分の中の混乱状態を処理しようとすることで精いっぱいで、ほかのキーは受け付けませんし、マウスにも反応しません。外からの刺激が入ってこないので、ほかの人から見るとぼーっとした状態に見えるでしょう。

それは霧の中の運転のようでもあります。看板を読み取ることができず、どこにいるのか周りに何があるのかもよく分からないまま、車は進んでいる……というような状態です。

たまにスッキリしていることもありますが、例えば人との会話中であっても、容赦なくぼんやりモードになってしまったり、何かに気を取られると、もう相手の声が「音」にしか聞こえず、言葉として耳に残らなくなったりしてしまいます。

視覚にも同じことが起こります。例えば、文字が単なる図形としてしか目に映らず、文章が頭の中で組み立てられない……といった事態に陥ってしまうのです。

ですから、結果的に僕の頭の中に入ってくる材料は虫食いだらけ。足りない部分は、いつの間にか僕の勝手な想像や思い込みで補われることになります。僕は自分の頭の中がそのように切り替わっていることに気づいていないので、「僕のＡＤＨＤって、時々耳が聞こえなくなったり、目が見えなくなったりする（のに自覚がない）障害なのかな？」と思うこともあります。

また、今必要なところにフォーカスしたり、集中の度合いをうまくコントロールしたりするのも苦手です。

◯僕の「衝動性」と「多動性」

僕は、結果を考えないままに行動してしまうことがよくあります。例えば、考えが声になる前にワンクッションあればよいのですが、僕の場合は思考と体が、「判断する回路」を素通りして直結してしまっているようなのです。それは例えば、お酒を呑みすぎてちょっと陽気になりすぎてしまった人をイメージしてもらえれば、ほぼ正解です。

また、前ページでもお伝えしたように、目には見えづらい「頭の中の多動」があります。時々頭の中の引き出しが勝手に開いて、火山の噴火のように中の物が次々と飛び出してきます。ものすごい量の情報が流れ出してきて、あっという間に消えていく……。それはまるで、新幹線に乗って通過駅の表示や看板を読み取ろうとするような状況です。うまくいくと、情報が雪崩のように出てくるので良い面もあるのですが、出てくる量があまりに多く順番もバラバラなので、何を言いたいのかが自分でも分からなくなり、結果的に僕の話は支離滅裂です。

○僕の「ワーキングメモリー」の動作不良

情報を整理したり、正しい「引き出し」にしまったりすることが難しいので、頭の中はいつもごちゃごちゃで整理ができていない書類の山状態。考えるときに必要な材料を引っ張り出すことも困難です。どこかにあるはずなのに出てこないのです。

何かを考えていても思考は途切れ途切れ。元々考える材料が虫食いだらけですし、考えている間に材料がどこかに飛んでいってしまいます。かと思うと、全く関係のない材料が次々と出てきたり……。

この状態を、「まるで頭の中にちょうちょうが飛んでいるようだ」と説明することもあります。それぞれの羽に何かの断片が書かれているのですが、なかなか捕まえられません。やっとどれかを捕まえても、それが今必要なものでなければ意味がなく、捕まえた関係のないちょうちょうに気を取られて別の方へ進んでしまうこともあります。そして、捕まえようとしている間に、何が書いてあるちょうちょうを捕まえればよかったのかということすら忘れてしまうのです……。

つまり僕は、
・ぼんやりしていて情報がきちんと入ってこない。
・行動する前に一度立ち止まることができない。
・頭の中がごちゃごちゃでうまく考えられない。
状態にあると言えます。

「そんなんじゃあ、いつまでたっても前に進まないじゃないか！」と思ったあなた。その通りです！

この状態は、

・経験を積み重ねにくい。
・心が成長しにくい。

という結果に繋がります。

全く成長しないわけではないですが、ＡＤＨＤ者の精神年齢は実年齢の7割程度とも言われるそうです。診断を受けた当時、24歳だった僕は「保育園児か、小学校1年生程度の情緒段階（！）」と言われました。

僕は、うっかりやぼんやり、そそっかしさなど障害そのものからくる大変さよりも、心の成長が難しいことのほうが結果的に大きいダメージにつながるように感じています。

また、僕は自分のことでも人のことでも「心」や「気持ち」なんていう、目に見えない形のないものを感じること・理解すること・共感することがとっても苦手です。なかなか人の心が分からなくて、人間関係やコミュニケーションに支障をきたすこともしばしば……。そんな困難さも、心の成長を難しくしているのかもしれません。

こんな僕ですから、周りの人の目には、やる気があるときとないときのギャップが激しい、挙動不審な一方でとても常識的に行動したり、そそっかしいかと思えばとても慎重だったりもする、というふうに映るようです。

「ようです」と言ったのは、僕がそういう自分に気づけないこともあるし、周りの人が自分の言動に戸惑ったり振り回されたりしていることに気づけないことがあるからです。今は自分の状態や周りの人がどう感じているかということに意識が向けられることもあるのですが、過去の僕はそういったことに気づけないまま溝ができ、それが広がっていることにも気づけず、周囲との関係が破綻してしまう、孤立してしまうということを何度も繰り返してきました。

消えてなくなりたかった

僕が病院につながったのは、１９９９年でした。

当時、僕は親戚の農業を手伝っていて、いろんなことを忘れたり怠けたり、勝手な判断や思い込みによって失敗を繰り返したりしていました。ビニールハウスの温度調節や水やりをせずに何度も作物をダメにし、トラクターに機械をつなぐアームにピンを差したと思い込んで走行中に機械を脱落させたり、出荷する作物を選別する際に売り物になる作物をどんどん捨ててしまっていたり……。自動車事故も何回か起こしました。

やり方を理解しているはずのこと、昨日までできていたことも失敗する。見えているはずのものを見落とす。「今度は気をつけよう」「もう叱られたくない」と思ってもまた同じことをする。そんな自分にがっかりし、指摘されたり叱られたりすることにイライラし、自分を諦めたくないのに諦めるしかないんじゃないかと落ち込んでしまい、何もできないような気持になっていきました。

当時の僕は、死にたいっていうよりは生きていたくない。消えてなくなりたい。とにかく生きていても仕方ないけど、死ぬ勇気もないというような心理状態でした。

そんな僕の様子を気にして声をかけてくれたのが、当時一緒に暮らしていた親戚家族の子が通っていた保育園の先生でした。僕は園の送り迎えを任されていて、会えば必ずにっこり笑って声をかけてくれるその先生が大好きでした。

送り迎えをしょっちゅう忘れるし、お迎えに行って子どもたちが楽しそうにあそんでいると、よそのお母さんたちの目も気にせず、一緒になってあそびに夢中になってしまう僕。先生は、僕にある「何か」に早くから気付いていて、会うたびに僕の状態を気にかけてくれていたそうです。

あるとき、先生がこう声をかけてくれました。「まあちゃん、大変？　苦しいね。お医者さん紹介できるけど、行く？」――僕は藁にもすがる思いで「行く」と即答しました。

2000年2月、僕はADHDと診断されました。

「頑張り方が違ったんだよ」

この時、ある医師から言われた言葉が忘れられません。

「あなたはもって生まれた脳のタイプの影響で、今までの24年間、きちんと経験を積み重ねてこられなかった。でも、あなたの場合は薬を使用して、経験を積み重ねられる状態で生活することができます。だから、これから始めるんです。今までできなかった〝積み重ね〟をしていきましょう」

「頑張っても無駄なんじゃなくて、頑張り方が違ったんだよ」

すごくほっとしました。やっても無駄なんじゃなくて、ダメ人間なんじゃなくて、方法があるんだって。自分は生きていてもいい人間なんだって思えたんです。

その医師が言ったのは、薬を飲めば経験が積み重なるということではなく、「環境を整えた上で積み重ねていきましょう」ということでした。

まずは、「虫食い状態」ではなく、きちんとした形で情報を入れ、「ちょうちょう」を捕まえ、「頭の中の書類棚」を整理し、「新幹線」を各駅停車に乗り換え、「霧」を晴らすことが必要です。

そのために、次のような新しい頑張り方を教えてもらいました。

・薬を飲み、すっきりとした状態でＡＤＨＤを学ぶために本を読む。
・忘れたくないことはなんでもメモをしておく。

・行動する前にはちょっと立ち止まって考える。
・明日の予定を立ててから寝る。
・作業の効率を保つため、時々気分転換する。などなど。

これまで、「頑張ること＝強く思い続けること」だと思っていた僕にとって、どれも画期的な提案でした。しかし、これらの方法をいつも自分で心がけていられる訳もなく……。当時一緒に住んでいた親戚家族も、医師から「頑張らせ方＝コーチング」を学び、協力してくれました。

そこから、「新しい頑張り方」に挑戦しながら経験を繰り返し、積み重ねる日々が始まりました。僕も家族も（きっと家族の方が）大変でしたが、以前のような出口のない苦しさとは違って、それは発見の喜びを伴ったものでもありました（詳細は第2章参照）。

自分のADHDを役立てたい

そうはいっても劇的に生活が好転するはずもなく、依然として実社会で戸惑うことは多くて、仕事が長続きしなかったり、就職活動がうまくいかなかったりの繰り返し。日常生活におけるあたふたジタバタは今も相変わらず続いているわけですが……。

一方で、こんな自分の凸凹や経験を何かに役立てたいという思いも出てきて、ピアカウンセリングについて学び、地域の障害者相談支援センターの職員として、発達障害や二次障害に関わる相談や支援、支援者育成や講演活動などに携わるようになりました。

この頃、医師から「中学生くらいの情緒段階になったね」と褒められた僕。30歳になる頃でした。うれしい反面、もっと早く気づいていれば！　もっと早く自分に合ったやり方を知っていれば！　という思いがよぎりました。

相談の仕事では、そんな思いをする人が一人でも少なくなってほしいという思いで、ADHDのあるお子さんが自分では言葉にしづらい状況や気持ちを代弁したり支援の方向を提案したりしていました。それは同時に、僕が子どもの頃に欲しかったものを確認する作業でもあり、なんの取り柄もなかった僕が授かったちょっと変わった贈り物を活かすことができる場所。僕自身のために必要な場所だったと、今振り返って思います。

グループホームを作りたい

こうして相談員という立場でさまざまな人たちと顔を付き合わせ、一緒に悩んできた10年余りの間、「この人にちょっとした手助けをしてくれる人がいたら……」「こんな社会資源があれば！」と残念な気持ちになることが多々ありました。

そういった一人一人のための生活支援が絶対的に必要なのに、制度がない。社会資源がない。そんな歯がゆさの中、「どうしたらいいのかな？」「何があればいいのかな？」と考え続けたある日、欲しいのは、僕が欲しかったようなことなんだよなと思い付いたのです。

それは、日々の生活の中でここにいていいのだと感じられること、安心して失敗できること、一緒に考えてもらえること、何度でも教えてもらえること、ダメなことはちゃんと叱ってもらえること、自分の存在を喜んでもらえること。

そういう環境の中で、初めて人は明日を考えることができるようになる。僕はそう思うんです。やがてこうした自問自答は、「そんな場所を作ることが自分のやるべきことなんじゃないか」という思い込みへと変わっていきました。

そして２０１８年。僕は、同じ気持ちを有する仲間とグループホームを立ち上げてしまいました。

僕の抱える〝気持ちの悪さ〟とは

福祉現場での違和感

こうして本格的に支援の現場に身を置くことになり、障害支援区分※の認定など、障害のある人やその人の生活について客観的に判断するところにも触れてきました。

そのリアルな現場で、困っている当事者や家族と支援者がよい協力関係を築いている場

※障害支援区分…障害のある人が必要とする支援の度合いを総合的に示すもの

面にも出会いましたが、一方で、自分の要求したいことをうまく伝えられないでいる当事者、逆に声高にサービスを要求する当事者や家族、提供したい支援を家族に受け入れてもらえず身動きが取れなくなってしまった支援者など、どこか心がチクッとするようなさまざまな場面にも接し、苦悩する人々もたくさん見てきました。

そして、「分からないこと」に前よりもたくさんぶち当たるようになったんです。

「やってもらって当然」「やってあげて当然」ってなんかおかしくない？

理想に合った環境が用意できないこともある。どうしたって理解できないことだってある。答えが出ないことだってあるよね？

周囲の人たちが、当事者の思いを「代弁」と言いながら「変換」しちゃってないかなあ…。

本人のいないところで決めてしまっていいの？

本人がやるべきことを、周りの人が取り上げてしまっていいの？

当事者も家族も支援者も……なんだかみんな苦しくなってない？？

みんなが痛い思いをしているんじゃない？

――無性に腹が立っていました。当事者のありよう、家族のありよう、支援者のありように対する違和感や気持ちの悪さが自分の中に募っていきました。そして、現実を目にして湧き上がる自分の感情に反して、矛盾した思いも出てきたのです。

前の僕は、当事者が望む支援が提供されないことに腹を立てていたけれど、自分も福祉業に携わるようになってからは同じように腹を立てられないことも出てきました。運営するグループホームの存続を考えたら、例えば「安全性」を理由に「できない」ことが出てきてしまっている。「経営＝お金」のやり繰りに迫られると、きれい事ばかり言っていられない。40代にして、これまで見えていなかった生々しい現実を突きつけられたのです。

ここは、障害のある僕が生き続けられる場所？

矛盾した思いや葛藤。どんどん膨らんでいく「気持ちの悪さ」。この気持ちの悪さが僕をどうしようもなく不安にさせるのです。

「この世の中は、僕が障害をもったまま生きていけるところであり続けてくれるんだろうか？」と。

僕は誰かを責めたい訳ではないし、痛みを見せつけたい訳でもありません。えらそうなことを言っちゃってますが、じゃあ僕自身がしっかりやれているのかと問われれば、理想からは程遠い現実を生きています。つい楽な方に流れちゃうよね、甘えちゃうよね、そうなっちゃうよね……という日常です。

ただ、当事者として、支援者として、疑問に感じていたのに言わなかった。伝えなかったというのは後悔すると思いました。そして「この社会が自分が生きていける場所であってほしい。このままでは僕の居場所はなくなってしまうんじゃないか」という独りよがりで切実な思いが、僕を突き動かすのです。

多くの人に聞いてみたいのです。「どう思う？」「これって当たり前なの？」「これでいいのかな？」と。

ジレンマを抱えて向かった先

かつての主治医の元へ

僕がこのモヤモヤを最初にぶつけたのは、かつて主治医だった児童精神科医の田中康雄先生でした。そう、僕がＡＤＨＤであることを見つけてくれて、「今まで頑張り方が違ったんだよ」と言ってくれた人です。

先生の転勤や僕の引っ越しで、今は患者と主治医という関係ではないのですが、離れていても、ずっと会わなくても、田中先生は僕の中からいなくならない人。僕の場合、視界からいなくなった人は自分の中からも消えてしまうのに、ずっとつながっている人。よっぽど自分の中に食い込んでいる存在なのだなあと思います。

鮮明に記憶に残っているのは、子どもだらけの待合室で、ヒゲを生やした24歳の男（僕）がポツンと座っていた光景。診察室での田中先生の第一印象は、「頼りない感じ」。優しく話を聞いてくれるけど、何も答えを出してくれない。今となっては当然そうだよねと思うけど、本当にこれで何かが変わるのかなあ？　というのが正直な気持ちでした。

過去のことを質問されても、覚えていないことが多くて、かすかに残っていた記憶も断片的で。訳が分からなくなって、「思い出せません」「分かりません」と答えるばかりだった僕。でも、本当は自分に都合の悪いことは答えないようにしているだけなんじゃないか、僕はずるい人間で自分に対してウソをついているんじゃないか、という気持ちになって……。もう、苦笑いでごまかすしかない。けど苦しい。ごまかしきれない。知らない間に、僕は先生の前で笑いながらポロポロと涙をこぼしていたそうです。それが先生との出会いです。

先生は2年間くらい僕の主治医でいてくれました。行くたびに、にこにこしながら話を聞いてくれるのがとってもうれしくて。

最初は正直、病院に行くことで逃げられるかもしれない。病人になれるかもしれない、とにかく苦しいことから解放してほしいというすがった気持ちがありました。でも、田中先生と話をしていくうちに、もしかしたら何か道があるのかもしれない、先生と一緒にそれを探していきたいなあという思いも出てきて……。

一緒に困って、一緒に「苦しいね」と言ってくれる。先生となら安心して困ることができるし、間違えられる。田中先生は僕が初めて会ったタイプの大人でした。今でも正直謎が多くて、実態はよくつかめないけど、先生が発する言葉の一つ一つはその通りだな、いいなと感じることばかりで、それらを寄せ集めて僕は先生が好きなんだと判断しています。田中先生に泣きつけばきっと何か答えてくれちゃうから、もう自分でもほとほとこれは困った!!　というときに連絡しよう。僕にとって先生はそういう、最後の砦的な存在です。

先生、勝手に落ち込むなよ！

同じ種の仕事に携わる人と結婚することになり、僕は今住んでいる松本（長野県）から田中先生のクリニックがある札幌まで報告に行きました。そして先生を目の前にすると、抱えきれないほどになってしまった僕の中の〝気持ちの悪さ〟が、堰を切ったようにあふれ出てきました。

サポートすべきところはするけれど、見守るべきは見守る。やりすぎない。時にはちょっと離す。障害のある人の支援においてそういう姿勢で支援に臨むと、「なぜ、何もしないんだ」と周囲から責められてしまう。当人の今を捉えて、今は何もすべきではないんじゃないかと判断したと説明しても、「もっとこうしてくれなきゃ困る」と怒られる……。
でも、「こうすべき」という圧が強まるほどに、支援の現場は苦しくなる。正直、これ以上もうできないよと感じてしまう人だっている。そんなふうになっちゃったら、僕ら障害者の居場所はなくなっちゃうし、支援してくれる人だっていなくなっちゃうよ……。

障害のある人の支援において、家族や同じ支援の立場にいる人たちと願いを共有しづらいこと、自分たちが思い描く支援をなかなか実現できずにいるジレンマ。そんな僕の思いを受け止めて、先生は、「そうだよね」「その人のことを理解しようと一生懸命で、本当に必要な関わり方をしている人が、周りから〝何もしていない〟と言われてしまうことってあるよね」と疲れたような表情でうなずきました。

周囲が認めるようなアクションを取らなければ、支援・福祉じゃないと言われてしまうような空気。なかなかそういう空気がなくならない。でも、責め合いからは何も生まれない。できることを一つ一つ積み上げていくしかないよね、みんなで。

それって、田中先生自身がずっとこれまで信じて続けてきたこと、もがいてきたことも重なるんじゃないだろうか。そして、なかなか変わらない現実に先生は落胆しているんじゃないか。

僕の心の中で何かがムクムクと動き出しました。「先生！ 勝手にがっかりするなよ！」「これは、障害のある当事者（僕）の出番なんじゃない?!」と。

ADHDであることを活かすとき!?

札幌から帰った僕は、早速先生にメールを出しました。

先日は、お忙しい中お時間をいただきありがとうございました。今回の北海道への帰省後、僕は、それまでしていた仕事の流れが全てリセットされてしまい、「はて、何をどうしたものやら」という状態に陥り、しかも、そのことを周囲の人たちに指摘されるまで、自分が困っていることにも気づけないまま、数日を過ごしておりました。相変わらずの自分が何ともこそばゆいですが、そんな頭で今まで生きてきた自分をちょっぴり誇らしく思うのです。（中略）北海道への帰省を含めここ最近、僕の周りで「現状」を改めて思い知らされるような出来事が連続して起きています。自分のアンテナが「そっち」に向いているせいで敏感になっているのかもしれませんが、それでもやはり、福祉や医療、教育、保護者や当事者の現状に今まで気づいていなかった気持ちの悪さや違和感を覚え、もっと言えば危機感を覚えるのです。

先生、僕は本を著したいと強く考えています。

なんたる衝動性！　これぞＡＤＨＤのなせる技でしょうか。自分の感じている危機感を多くの人に問いかけてみたいという衝動に、いつも僕を助けてくれる田中先生に、何か少しでも「ギブ」できたらいいなあ！　という思いも重なり、こんな向こう見ずな考えが飛び出してきたのです。

素人が本を出すなんて、田中先生に何かをお返ししたいなんて、そんな大それたこと！と言われるかもしれない。いや、きっとそういうことなんでしょう。でも、それをやっちゃいたい！　という気持ちが、思考を追い抜いて行動と直結しちゃうのが僕。

僕のＡＤＨＤは面倒くさいところもあるけれど、そういう自分だからできることもあるはず。どうせなら活かしていかないと！　それが「今」なんじゃないかと。

さて、前置きがずいぶん長くなってしまいました。こうして少しずつ少しずつ時間をかけて、編集の人と一緒に本の構成を練る作業がスタートしました。それはこれまでの自分を振り返る作業でもあり、僕の中のこんがらがった思考や散らばった記憶の断片を拾い集めて、仕分けをしていく作業でもありました。

この本では大きく３つのテーマについて、ああだこうだとつぶやいています。

１「障害者のありようとは？」
２「周囲にいる人たち（支援者や家族など）のありようとは？」
３「当事者も支援者もハッピーでいられるためには？」

うっかりすると、僕の独りよがりな主張・独白になってしまうので、田中康雄先生とのおしゃべりコーナー（キャッチトーク）も設けました。豪華すぎるゲストです。田中先生ありがとうございます。最初に断っておきますが、これはノウハウが得られる本ではありません。読んでくださった方の中に何かしら〝モヤモヤ〟と〝ザワザワ〟が残ればうれしいです。

第一章

つい、〝障害に甘えてしまう〟僕ら

「障害者が社会の一員として生きていくありようって、
どんなものだろう?」

言い訳しながら生きてきた僕

フラフラと漂っていた24年間

僕には、子どもの頃の記憶があまりありません。

小学校の通知表を見返すと、備考欄には発達障害をうかがわせる指摘がちらほら。遅刻の常習犯でしたし、国語のテストで漢字がほとんど書けていない。だいたいぼーっとしていましたが、時々まぐれのように集中するので、「やればできるのに努力が足らない」とよく言われていたのは覚えています。

中学生になったころから、少しずつ不穏な兆候が現れてきました。姉とけんかをして包丁を向けたり、同級生の髪の毛をつかんで引き倒したり……。言葉にすることができないイライラが吹き出し始めたのかもしれません。母は「この頃から何を考えているか分からなかった」と言います。

高校生になってからは、万引き・自販機荒らし・車上荒らし・破壊行為・深夜徘徊といった行為が多くなり、警察にお世話になったことも……。不登校にもなりました。そんな僕が手に負えなくなり、両親が一時的に僕を親戚家族に託したこともあります。

高校卒業後、専門学校に行ってみたり、アルバイトをしたり転々としましたが、どれも長続きせず、その場限りの生活が続きました。ミスは多いし、人間関係もトラブってしまう。将来に対する思いなど何もなく、あるとき全くやる気が起きなくなりました。そして、これまた場当たり的に親戚家族の家に引っ越すことを思いつき、プロローグで述べたように、そこで農業を手伝う生活が始まったわけです。

僕は医療につながるまでの24年間、自分がやってしまう「マズさ」の自覚のないまま学生時代を過ごし、社会に出ても、なんとなくの不安をもったままフラフラしていました。

二次障害もあいまって負のスパイラル

そんな僕は、非常識な・やる気のない・頭の悪い・まれにおもしろい・変人でした。そして今思えば、周囲の人たちは戸惑い・ムカつき・憤り・傷つき・あきれ果てていました。

周りの人たちからの叱責や居心地の悪さから逃れるために、言い訳やウソ、責任転嫁や言い逃れ、ふざけてごまかすことを身に付けました。ますます周囲から信頼されない人間になり、性格がどんどんゆがんでいきました。

僕はバカだ、嘘つきだ、ダメなやつだ、意地悪だ。僕なんか生きていてもしょうがない。いなくなってしまえばいい!!「あいつのせいで」「あのときはたまたま」「僕が悪いんじゃない」「どうして僕ばっかり」……!

僕が元々もっていたADHDという脳の問題が、周囲の人たちとの関わりの中で、さまざまな別の問題（二次障害）に発展していきました。こうなるともう負のスパイラルで、鬱状態になる頃にはADHDそのものよりも、二次障害による問題のほうが大きくなっていました。

周囲の人から認めてもらえないことを惨めに思い、いじけて、卑屈になる……。それが積み重なるほど、二次障害は深刻なものになっていきます。実際、困り感を抱えたまま年齢を重ねた人ほど二次障害に悩まされているケースが多く、僕のように鬱などの精神症状をきっかけに受診し、その根本に発達障害の問題があったと分かる人も多いようです。

卑屈のどん底から

自己肯定感などゼロというよりむしろマイナス、卑屈の極みを生きていた僕は、病院に通い始めた当初、田中先生にこんな手紙を送っています。

——僕が思うには、今この状態は仕方のないというか、なるべくしてなったとしか思えません。思春期に考えるべきことを考えずに常に先送りしてきた結果であり、そのしわ寄せが今来ているんだなあと。世の中にはどうしようもない人間がたくさんいると思うのですが、僕もまたその一人であるのだなあと思うのです。やる気が出ないのではなく、むしろ出したくないのです。やる気を出すのが面倒なのです。言ってみれば、今のこの状態が快いのです。——治したいとか抜け出したいとか思わないのですから、終わりがないのです。——僕は先生に無駄な時間をつくっているのではないかと思うのです。薬を飲んで解決できることではないと思うのです。——僕は汚い人間です。優しくしたり、親切にしたり、親身になったりしても、その〝甲斐〟のない人間です。——もう通院の必要はないのではないかと思うのです。すべて自分の責任なのですから。病気や能力のせいではないのですから……。――追い詰められる前に人生が終わってくれれば一番良いのかもしれないとも思います。

負のオーラ全開です。どうにもならない。いや、どうにかしようという気もない。何もかも自分のせいだと言いながら、どこか「誰かのせい」「僕が悪いんじゃない！」「かわいそうな僕」という思いが漂い、そのくせどうにかしてもらいたいという期待をもつことすら面倒、といった投げやりな僕が全面に出ていますね。ある意味、先生にずっしり甘えているとも言えます。

ぐだぐだとした気持ちを引きずりながらも薬は飲み続け、同居していた親戚家族と話し合いを重ねて３週間。先生への手紙にわずかですが変化が現われます。

――僕の中には焦りの気持ちがあります。――今僕は25歳で、あと5年で30歳になります。「このままではまずい」とか「このまま30歳になってはダメだ」という気持ちがあるのです。そして、できることならどうにか変えたいとも思うのです。しかし、僕の中にいろいろな僕がいて、「どうせダメな人間だから」と思ったり、「何をやったって無駄だ」とも思ってしまうのです。——どうにかできるならしたいけど、どうにも考えようがないというのが今の気持ちです。そして、やはり今までやってきた方法でしかやりようがないのなら、もうどうでもいいという気持ちです。

最後はやっぱり後ろを向いてしまうのですが、まったくもって前を向く気がなかった1通目に比べ、ちょっと先を想像してみたり、重い腰を少しだけ上げようとしている僕なりの微妙な心境の変化が現れています。

究極の選択を前に

「これからのこと」を考えるのに葛藤があった僕ですが、ＡＤＨＤという診断そのものはスッと受け入れることができた。今振り返ると、それは、ギリギリの状態にいた僕に突きつけられた究極の選択だったからなのだと思います。そもそも、僕は障害者を対等な存在として認めていませんでした。

このまま「生きていてもしょうがない」とふてくされながら生きていくのと、自分が障害者だと認めなければならないとしても「生きていていいんだ」と思える生き方、どっち？　っていう選択を前に、僕はＡＤＨＤにすがったんです。

逆に言えば、それくらいの心理状態じゃないと僕には受け止められなかったんだなと後々思いました。大人になって告知を受けるってそういうことだよなと。そしてそれは、僕の人生にとって大きな転換点になりました。

ＡＤＨＤを正面から受け止めるまでの紆余曲折

とはいえ、ＡＤＨＤ者として生きていくということを自分自身の問題として捉えられるようになるまでには、時間がかかりました。

先生が送ってくれたＡＤＨＤの本を読み、「これはまさに僕のことだ！」と衝撃を受け、いろんな本を読みあさってさまざまな対策を試してみました。でもまだ実感が足りなくて長続きせず、「だって、ＡＤＨＤだから…」と時には言い訳して。「何かやってみよう」という心意気はよいのだけれど、空回りしていました。先生が提案してくれる対策の意味や便利さに本当の意味で気づけない時期が長らく続きました。

自分のＡＤＨＤを役立てたいと活動し始めたころは、講演会の講師として話をすると「先生」と呼ばれてかなり勘違いをしてしまったり、当事者として求められることを気持ち良く感じてしまったりした自分がいたこともあります。

また、相談の仕事を始めた頃に所属していた事務所の所長は身体的な障害のある人で、車椅子を使用していました。とても頭の良い人で、僕に感じる・考える・思う機会を与えてくれた人です。まだ自分よがりな見方しかできていなかったころの自分は、その所長のことを「分かりやすい障害でうらやましい」などと思っていました。「僕のように分かりにくい障害ではなく、所長のように見て分かりやすい障害ならよかった。周りの人もすぐ助けてくれるし」と。

人に理解してもらう、許してもらう、助けてもらう。何かしてもらうことばかりを求めていたような気がします。自分には障害があるのだからそれが当然とすら思っていました。また、これまでに受けてきた痛みや、今背負っている困難を周囲にぶつけることで何かを得ようとしていた自分もいたと思います。

でも、自分が支援者の側にも携わるようになり、「いや、まてよ。そんな単純なことではないよね」という実感をたくさん拾うようになりました。「障害がある僕」の自己理解や他者理解、サポートは確かに必要なのだけど、社会で生きていくために自分ができることを考えることも大事。「障害」に甘えてしまうと、自分の努力も、周囲との関係づくりも、そこで止まってしまうんじゃないだろうか……。

自分にある困難さを「替えようもないもの」として受け入れて、そのうえで「より良く生きたい」と思い行動し続けることが大切なのかもしれない。そんなことをちょっとずつ感じ始めたのです。

障害に甘える気持ちは、僕も含めて誰もがもちうるもので、それ自体をどうこう言うつもりはありません。でも、本人がより良く生きていこうとすることと、障害に甘えることは両立するのかな⁇　「障害者のありよう」ってどのようなもの？　生活や仕事を通してこうした疑問がよく湧いてくるのです。

「水と空気と福祉と権利はタダ?!
……じゃないよね。」

権利があるなら義務もある

「あなたはあなたのままでいい」……？

へその曲がった僕は、障害のある人に対して「それは個性」「あなたはあなたのままでいい」という言葉が向けられるとき、正直、違和感をかんじてしまいます。「それって、どういうこと？」「僕、このまま暴れていていいんでしょうか？」と。「ありのまま」もいいんだけれど、それだけじゃやっぱりダメなんじゃない？と思うのです。

人は、特に障害者は、生きていくために社会の助けが不可欠です。社会とのつながりなしには生きていけません。その前提なしに、言葉や要求だけが先行しているような場面を目の当たりにしたとき、「福祉のサービスは当たり前にあるものじゃないんだよ。本当は『ありがとう』だよね？」と思わず問いかけたくなります。社会や福祉に対して不満ばかりをぶつける当事者には、「自分が生きられる場所を潰す気なの？」と言いたくなります。

社会のせいにすることもできる。確かに社会にも問題があるかもしれないけれど、「どっちが？」と非難し合っていても何も進まない。じゃあ障害者にできることって何？　っていうと、僕は、まず「自分のありよう」を考えることなんじゃないかなと思うのです。

権利を認めてもらえるかどうかは自分次第

「障害者の権利」「障害者にも人権がある」というフレーズはよく耳にしますが、権利を認めてもらうには義務を果たさなければならない、というのは当然のこと。

社会で生きていくために人に求められる基本的な義務ってなんだろう？　僕の答えは、「人が嫌がることをしないこと」じゃないかと思っています。

国・家庭などいろいろなサイズの社会がありますが、僕が家族が嫌がるようなことをすれば、家庭での居場所をなくすし、認められなくなっていきますよね。それと同じで、障害者も障害に甘えて何かをごまかしたり、「ありのまま」に振る舞い続けて周りの人を疲弊させていたり、権利ばかりを強く主張して相手を困らせたりすれば、その場＝社会にいられなくなっていくということです。

人を傷つけない。嫌がることをしない。社会にいられるかどうかの基準となる、最低限の義務ではないでしょうか。その義務が果たされてこそ、権利が認められると僕は思います。

ＡＤＨＤが分かった当時の僕は、「ＡＤＨＤだから」という言葉を、何かできなかったとき、失敗したとき、トラブルを起こしたときなどに、言い訳として使っていました。でもあるときから、そんなふうに自分の障害を免罪符のように使ったら、「私はかわいそうな障害者です。あわれんでください。見逃してください」と言っていることになってしまう……と思うようにもなりました。

うまくいかなくっても、逃げたくなっても

僕の思い描く理想は、うまくいかないことがあっても、この次は気をつけられるように違う方法を考えて、それでもダメならまた違う方法を考えて、それでもダメなら……と何度でも繰り返すことができる自分です。

でも現実は、うまくいかないことを認めたくない気持ちになったり、失敗から逃げたく

なったりすることもあります。もうやめた！ってなることもあるし、同じことを繰り返す自分が情けない気持ちになったりもします。逃げ続けた末に観念するしかなくなってようやく、「ごめん。助けて……」と言えるときもある。実際はそんなことの繰り返しです。

それに、僕にある問題について教えてもらっても、教えてもらったということも、教えてもらった内容も忘れてしまうことも。忘れてしまうということすら忘れてしまうこともあり、周囲が見かねて思い出させてくれることに腹を立ててしまうこともあります。

それでも、やっぱりこう思うのです。うまくいかないことを繰り返しても、覚えておけなくても、それが自分なんだとあきらめつつも、気をつける工夫や努力をし続ける自分をあきらめたくない。人に迷惑をかけたくないなあ、困らせたくないなあと。

障害をなくすことはできないし、なくしてしまったら僕じゃない。だからそれと違うことで役に立てる、認めてもらえるようになろう。社会の一人に加えてもらえるように。

それが、今僕がこうありたいと思い描く「ありよう」です。

モヤモヤ・ザワザワ 障害者 × 支援者のエピソード

エピソードは全てフィクションです。それぞれに対し、僕が感じたことを「山口レンズより」、本書のゲストであり児童精神科医である田中康雄先生が感じたことを「田中レンズより」として綴っていきます。

エピソード①

「障害は切り札??」

グループホームで暮らしているAさんは、しっかり主張ができ、言いたいことを理論立てて伝えてくれます。ただ、その要求の通し方が強引なときも……。周囲にいる人の性格や立場をよく把握していて、言うことを聞いてくれそうな人に乱暴な物言いで要求したり、相手がちょっとあいまいな言い方をすると、そこを突くように徹底的に攻めたり揚げ足を取ったりして、よく場を混乱させてしまいます。これまで何人かの世話人さんが、「もう続けられない」と辞めていきました。

「ああしたい」「こうしたい」ということは強く求めてくるけれど、こちらからのお願いはスルー。グループホームは共同生活なのでそれでは困るのですが、何か言われそうになると、「私は障害があるのに、誰も助けてくれない。分かってくれない」「あなたが悪い」と言い募ります。

山口レンズより

Ａさんには「障害をないことにしたい」「恥ずかしい」という感覚が強くあったのかもしれません。でも都合が悪くなると、障害を使いたくなる、かわいそうな人になろうとする。僕にも身に覚えのある姿なので、自分を見ているようで苦しくなります。

でも、本人がこのように振る舞っている限り、周りはＡさんのことを腫れ物のように扱うしかなくなってしまい、Ａさんは誰からも相手にされなくなってしまいます。そうなると、教えてもらえるはずのことを教えてもらえなくなり、指摘してもらえるはずのことを指摘してもらえない。おおげさかもしれないけど、それって、人間扱いされていないってことじゃない？　と感じてしまうのです。

障害を理由に理不尽な要求を通す――それに対して強く言えない周囲の人たち。どちらともがあり方やかかわり方を見直していかないと、何も変わっていかないのだろうなあと思うのです。

田中レンズより

Aさんは、自身のうまくいかなさにまだ気持ちが追いついていないのかなと思いました。自分の失敗やできなさを指摘され続けた過去があるのかもしれません。一方的に言われ続けた過去があるのかもしれません。受け止めがたい障害があることを知り、これまでの無念とこれまでの応援のなさに対して、静かな怒りがあるのかと思います。同時に、こうした言葉を発する自身に対するふがいなさにも自ら傷ついているのかもしれませんね。

エピソード②
「本当は自分でできるけど……」

Bさんには知的な障害があります。オムツをしていて、食事もヘルパーが介護していますが、実は本当はトイレで排尿できるし、ゆっくりであれば自分で食事をする力も備えています。でも、Bさんのお母さんからそういった身体援助や家事援助の依頼があり、食事の内容や固さ、オムツの仕方など、とても細かく指示があるのです。

Bさんはいろいろと分かっていて、お母さんが言うことは聞いたほうがいいけれど、ヘルパーの言うことは聞かなくても許されると思っている様子。ヘルパーが差し出したお茶を払いのけたり、無視をしたりします。

山口レンズより

Bさんは本当は、自分でできることはいろいろあるけれど、そのような話はしにくい雰囲気なのでしょう。これまでBさんは、「どういう生活がしたい？」「あなたはどうしたい？」ということをお母さんをはじめ、周囲の人から聞かれてこなかったのだろうと想像します。

お母さんからの注文は多く細かく、Bさん本人もヘルパーさんとの関係づくりに非協力的。そんな状態だと、Bさんを担当できるヘルパーは減っていきます。一方的な要求が増せば増すほど、使える社会資源が減っていく結果につながるということに、お母さんもBさんも気づけていないのだと思います。

「利用者＝お客様」という感覚が強まると、してあげて当然、やってもらって当然という意識を助長していきます。それって本当に、本人がより良く生きるための援助になっているのでしょうか?

田中レンズより

Bさんは、お母さん以外の支援者との新しい関係づくりに戸惑っているのではないでしょうか。また、お母さんに対して「もう、うざったい!」といった本音をぶつけられない苛立ちを、この支援者に対して表出しているのかもしれません。

支援者は、お母さんの我が子への思いからの過度な要求と、Bさんの自立に向けた生活支援のバランスをいかにして取っていくか——そこが課題になってくるでしょう。どちらも「支援が必要だ」という思いを抱えているので、お母さんには組織の上司が、Bさんにはヘルパーさんがかかわるといった、分離した対応が求められるのではないでしょうか。

エピソード③

「責任を問いたいのではなく、会話がしたい」

ある日、グループホームの住人であるCさんが「扇風機が壊れてる」と言いに来たのに対し、スタッフが「どこが壊れてる？　動かなくなっちゃった？」と聞きました。すると、Cさんは「私のせいじゃない！」「私に聞かれても分からない」「私、責任もてないし」「これってだれの責任なの？」とまくし立てました。

そこからは、「私じゃない」「責任もてない」の一点張りで会話になりませんでした。スタッフはCさんを犯人扱いしたわけでもなければ、責めたつもりでもなく、ただ純粋に扇風機の状態を確認しようとしただけだったのですが……。

山口レンズより

僕も含め、障害のある人たちの〝ずるさ〟ってあります。それは、〝賢さ〟と表裏一体。「私には責任がもてない。だって障害があるから」といった〝障害〟の使い方もずるさの1つ。相手はそういうつもりではないのに、「私に障害があるからって、疑うの？」というように過度に攻撃的に応じたり、被害者の立場になろうとしたりすることも。

また、何かが起こったときには、施設なり福祉サイドなりが責任を取るのが当然だと思っている人もいます。相手の責任を問うことで、自分の責任を免れようとしたり、自らかわいそうな人になろうとしたり……。その奥底に、「障害があるから自分は許される」といった感覚が潜んでいたりしないでしょうか。ベースにその気持ちがあると、論点がずれてしまうし、何より、そこに関わった人たちに後味の悪さが残ってしまいます。

このような出来事を経験するたび、そういうことを言いたいんじゃないのになあ、そういう言葉を聞きたいわけじゃないのになあと感じてしまいます。自分を守るために障害を使うのはもうやめようよ、と思うのです。

田中レンズより

Cさんは、これまで常になにかと責められる過去を経験しているのかもしれません。それもかなり不条理な。

この第1章全体を通して、何が本当に必要なのかが述べられています。それは、僕たちは対話をしたいのです。だれの責任か、どうするかという結論でなく、一緒にこれまでの経過をたどるための話し合い・対話を必要としているのです。互いに理解し合うためにも、誤解を解くためにも、自身の思いを整理するためにも、話をしたいのです。

山口×田中のキャッチトーク 1

本章で考えてきたことを、山口&田中先生で
ああだこうだと語り合っていきます。

二人の出会いを振り返って

田中　この本のプロローグや第1章で紹介されたエピソードのように、山口さんはどうやら一生懸命やってるのに普通に失敗しちゃう人で、これは大変だよなと思うんだけども、ニコニコしながら話をしてくれる。

でも、時々涙がこぼれるんです。そして、緊張すると頭が真っ白くなっちゃうせいか、診察に来ても「(話すことは) ないです!」ってなるんですよね。で、帰って1時間くらいしたころに「山口です! 思い出しました!」って電話がかかってきて、こういうことに困ってるんですっていう話をしてくれました。それを診察室で話してほしかったけど、時空を越えたやり取りで、実はとても印象深かったなあ。

山口　わははは!

田中　今度、話すことをメモしてきたらいいよって僕が言ったら、「分かりました！」って言って、次の診察で「メモ忘れました！」と。メモを書いてくれと言った僕が悪かったよゴメン、みたいな。

山口　いやいや、先生がゴメンって言うことじゃないです（笑）

田中　僕は診察で大人の方のお話を聞くのは山口さんが初めてだったんです。山口さんとお話をしていく中で、僕が診ている子どもたちが大きくなったときに、彼らの学校や日常での困り感というのは、こういうふうに日々の生活に発展していくんだということや、生活の困難さの裾野の広がりというのは大きいんだなあということを教えてもらいました。

僕は最近、ADHDとか自閉スペクトラム症とかっていうくくりじゃなくて、そういう特性は確かにもっているけれど、その人がどう生きてきたかでその人のありようが決まってるような気がしているんだよね。この本に綴られているのは、山口さんが自身の人生の中で学び考え、経験してきたことから打ち出された言葉であって、ADHD代表者の言葉じゃない。ADHDとして生きるというんじゃなくて、"ADHDをもちながら生きてきた山口さんの背景の痛み"みたいなものがここにあるんだろうなあって感じました。

「障害に甘える」という感覚について

山口　僕自身、ある時は「大丈夫です」と言っておきながら、ある時は「自分には障害があるから」と言うというような、〝障害を使う・甘える〟感覚を自覚することがあるんです。それは生きる手段の1つという見方もできるんだけど、結局それをやってて困るのは誰かというと、自分だと思うんです。

田中先生が僕にしてくれたことって、「今直面していることは、自分自身の人間性の問題ではなくて、障害があるからなんだ」という理解をすることでまずは一回楽になって、そして、外側から自分にアプローチしていこうよっていうことだったのかなと思うんです。そういうふうに捉えることはもちろん効果的だと思うんだけど、それがちょっと歪んできていつまでも「障害があるからしょうがない」と言っていると、周りの人もだんだん嫌気がさしてくるよねって思うんです。

田中　原稿を読んで改めて、山口さんに「人間としてこうあるべきだ」という強い思い、頑なまじめさみたいなものがあって、その理想型と現実を常に比べながら自己評価を低めに取ってしまうところがあるなということを理解したんです。まず、それが出発点にあるような気がしています。

そして、第1章で述べられている「障害に甘えてしまう」というのが、どういうことなのかなっていうのをずっと考えていたんです。それって、「障害」でしか言い訳の説明ができない生きづらさ、そこしか行き場がないというか、それで説明するしかないじゃん！　というところにいっちゃっているんじゃないかっていう気がしていて……。

でも、説明している本人は決してそれでいいとは思っていない。診察室で山口さんがこれまでを振り返って話をするときに、一見悩んでないような笑顔の中に涙がこぼれていましたよね。「しょうがないよ」って言うのと同時に、「なんでここがうまくいかないんだ！　もう！」っていう、どこにもぶつけられない悔しさや悲しみがある。「どうすれば、もっと僕が思ってる自分になれるんだろう？　なぜなれないんだ！」っていう悔しさをずっと引きずっているんだよね。ずっと悩んでいたらうつ病になっちゃうから、自分を守るためにどこかでその思いを封鎖しちゃうんだと思うんだけど、「悩んでいいよ」って言う場所に身を置くとそのことが堂々巡りしちゃうくらい、実はすごく悩んでる人なんじゃないかって思うんだよ。

だから、「私はそういうことがうまくいかない〝発達障害〟なんです。私自身、自分のことをそれで説明ができるかどうかよく分からないけど、その名前でどうにか理解してもらえませんか?」というやり取りになっているような気がするんだ。

山口　うん、確かに。そうかあ……。うん。

田中　「甘える」とか「言い訳」という言葉を支援者側が使うとき、僕は、良くない評価、ちょっと批判的な表現になっているような気がするんです。

でも、当事者の方がそれらを口にするときというのは、その言葉を出さなきゃならないくらい負けている気分でいることを表現しているような気がするんだよね。一見、甘えているように見えても、「もう勝てないんです」っていうような思いで言ってるような気がしているんです。

山口　うーん、このキャッチトークってすごく大事だなあと思いながら先生の話を聞いていました。この本に書いているのは僕の個人的な価値観であって、「僕が当事者に対して思うことって妥当なんだろうか」という疑問が出てきました。

ただ、僕が思うところは確かにあって……。ちょっと分からなくなりました(笑)。じゃあ、どこを目指していけばいいのかな?　と。言ってみれば、人間っていかに生きるべきかっていうようなことなのかなあ。

田中　そうだよね。

山口　そうはいっても先生、当事者の言動を受け入れがたいときってないですか?

田中　医療の現場って、相談に来てくれた人に何かお返しするというのが流れで、「多様な方たちに対して僕がどれだけ〝チューニング〟できるか」というふうにいつも思っていて……。

　もちろんプライベートな僕の価値観はあるんだけど、医師というか応援する人間として相手と向き合うときに、僕の価値観を押し付けるのは絶対いけないことで、相手の価値観に僕がどれだけ乗れるかみたいなところがあるんだよね。

　その人がすごく悪いことをしたら「なんてことをしたんだ！」って思うけど、「でもそれしかできなかったんだよな」って自分の頭の中で切り替えて、その上で「今この方に僕ができることはなんだろう？」っていうふうに考えてフィルターをかけていく。それにはやっぱりすごくパワーを使うよね。友達じゃないし、その方にチューニングしなきゃならないし、チューニングを外すとやっぱり相手が失望するし……。相談機関に失望すると、次に相談する人に対しても「どうせ…」という失望をもたせてしまって、それはその方の生き方にマイナスなことになってしまう。

　僕はプラスになることはできなかったとしてもマイナスだけは気を付けようということと、その方がうちの医療機関を蹴っ飛ばしたとしても、ほかの医療機関に行けるような気持ちにはなってもらいたい、という思いがあるんです。

僕の言葉が僕の気持ちを表せなかったことで相手に伝わらなかったのならそれは僕の過ち。僕の言葉を相手がもし誤解して受け止めてしまったのならば、そこは説明して修復をしたうえで、それでも「もう二度と来ません」と言われたら「力が及ばずごめんなさい」と謝る。……っていうふうにしようと思っているんだよね、意識的には。もちろん、いつもできているかどうかは別としてね。

自分がもっている力を出そうよ！

田中　僕の中では、山口さんがこの本を書くに至るまでの経過があって、生きざまがあって……。今をどう生きていくかというような生き方をしていたところから、なんとか自分の生活を組み立てていこうとたくさんメモ書きをしていた時代も含めて、僕なりに山口さんを見てきた。その上での今なんだよね。

「障害をもって生きるとはどういうことだろうか」って山口さんがずっと悩み悩みやってきて、当事者でもありながらピアサポーターになるって言ったときに、僕はすごいなあ！って思ったんだ。その果てにグループホームまで作っちゃうっていうね。なかなかそんな人はいないだろうと。そういう流れを僕は知っているから、「障害に甘えてしまう」っていうことについても、山口さんならそう感じるだろうなっていうのがある。

山口　僕をよく知るある人からも言われました。「山口さんだから厳しくなっちゃうよね。自分はやってきたって。だから他の人にもそれを求めちゃうよね。でも、みなが同じようにできるわけじゃない。できるなら困りゃしないよ」って。

田中　そこで僕が大事にしたいのは、さっきも言ったように山口さんだって最初からできる人じゃなかったのさ。

できているから厳しいんじゃなくて、自分に対して厳しくやってきたのを僕は見てきたし、厳しくやってる中でもすごく失敗していたし、そんなにトントン拍子にいった人ではなくて、壁にあちこちぶつかりながら苦労しながら苦労しながら、それでも歩みを止めずにやってきているから言えている、と僕は思う。

山口　改めてそう言われると気恥ずかしい……。

田中　だからきっと、山口さんの「障害に甘えてる」っていう言葉の裏には、「自分がもっている力を出せるはずなんだ！」っていう思いがあるんじゃないかなって思っていて。「出し惜しみしないで出そうよ！」っていうメッセージのような気がしています。「だって俺、出せたもん！」って。

山口　うん。そのほうが生きてて楽しいよって思うんですよね。

田中　そうだよね！　そう思うよ！

山口　俺って暑苦しいなって思うけど、なんか頑張った方が楽しくなったよって。うん。

　先生は、僕が壁にぶつかりながらも立ち止まらないでやってきたと言ってくれたけど、僕の感覚としては、よく分からないうちにここに来たよっていう感じ。死なないで生きてきたらここにきたっていう実感があって、「これをやってきた」っていうふうに言葉で言う部分と、「実は何をやってきたのかよく分かんねえな」という部分とあるんです。いろんな状況がそろって、結果ラッキーだっただけだよって思う部分もあって。

　実は、「甘えないで自分で頑張ろうよ」と思う自分と、「いや頑張るか頑張らないかじゃなくて運だよね」って思う自分と両方いるんです。

田中　あははは！

山口　でも、運が悪ければ死んじゃうよ！って思うんです。たまたま僕がそっちを選ばなかっただけで。そう言いながら逃げたくなる自分もいるし。逃げちゃう自分もいるし。「山口さん大変ですね」って言われたことがあるんだけど、僕はこの頭しか知らないからそれが苦しいのかどうかも正直分からないんですよね。

「自分のありよう」をどう捉える？

山口　障害のある人は自分のありようを捉えられたほうが生きやすくなるんだろうなあと思うんですけど、でもそれが難しい人もいますよね。今まさに、このキャッチトークの中で、僕自身が自分のありようを捉えられていないというのを確認したんですけど……。

先生、〝自覚〟ってあったほうがいいと思いますか？　トラブルを少なくして生きようと思ったら、自分がやっちゃうこと、うっかりしちゃうことを分かって生きた方が楽だよなと思うんです。でも同時に、それがどこまであればいいのか際限がないよなって思うんですよね。

田中　外来に来る高校生以上の方は、「自分で自分が分からない」という人が多いんだよね。自分はどこのグループにも所属していないようなはっきりしない輪郭の中で、でもはっきりした輪郭があったときを知らないからずっとこう生きてきているんだけど、「もうちょっと自分をちゃんと自分のものにしたいな」という思いが、思春期後半頃に出てくるみたいなんだ。

その頃には、ある程度自分の中で説明がつく、納得がいくような自分というものをもっていたほうがいいのではないかと僕は勝手に思っていて。話を聞いてみると、失敗や叱られた体験というのは、自分がちゃんとしていないからとか、努力不足だからとか、自分の中でできる説明をしてなんとか切り抜けてきてはいるんだけど、でもその説明だけじゃやっぱり苦しくて、嫌々、精神科の門をたたいてるっていう感じなのかなって。

山口　その診察室に至るまでの本人の思いは、僕が踏んだプロセスとすごく重なっています。生きているのが苦しい、しんどい。藁にもすがるような状況になって、不安のほうが勝ったときにやっと病院に行くという感じですよね。

田中　そうそうそうそう。自分のありように向き合うってとっても勇気のいることで、向き合いたくないんだよ、基本。

　診断をつけられてうれしい人ってまずいないし、どっかで嫌な予感がしていて。誰かに行ったほうがいいぞって言われて、それを言い訳に渋々病院に来たんだけど、実は僕も知りたかったんですっていうようなことが語られていって、自分のありようが捉えられていく。でもそれもあくまでも一面の評価であって、長く付き合っていかないと分からない部分がいっぱいあるし、心理検査の結果が正しいとも限らないから、そこをプラスマイナスしながら、「あなたはこんな人なんじゃないかな」っていうことを医者がお返しすることで、その方の生き方にちょっとプラスになればいいなあと僕は考えています。

山口　どれだけ本人が困ったな、これ嫌だな、これどうにかなったらいいなって思えるかなんだろうなと。そのプロセスってとってもしんどい。でもそのしんどさがないと、その先の生きやすさにはつながらない。でもその生きやすさを求めてるかというと、その生きやすさを知らなければ求めようもないよねとも思うし……。知らなきゃ知らないまんま生きていくんですよね。

僕は発達障害って分かってよかったと思う部分と、知らなきゃ知らないなりに生きていたよなあと思う部分と両方あるんです。知らない人生だってあったんだよなって。それが正しい人生なのか間違った人生なのかっていう、「正誤」では語れないですよね。

そもそもじゃあ、「障害に甘えてしまう僕ら、何が悪いんだい？」っていう話でもあるのかもしれないなって。「甘えちゃうよー！」って。

田中　はははは！　哲学的なことになるけれど、「僕はどう生きようか」っていう、そういう話なんだよね。

障害というものを知らずに生きていくことのメリット・デメリット、知ったうえでもそれでもなにくそと生きていくメリット・デメリット。生きていく上での楽しさとか広がりとかっていうのは絶対あるので、本当に自分が納得いく生き方をすればいいじゃないかっていう。

　でも、自分を捉えきれずに「この生きづらさって何？」っていうモヤモヤを感じている人たちの中には、そういうことを誰かと考えたり議論したりするチャンスや、そういう出会いすらもない人も多いから、こういう本などのメディアを通して「あ、自分と同じような考え方」って思えたり、何かヒントを得られたりするときっと心強いんだよね。「こんな考え方をするのは世界に１人もいないと思っていたけど、なんだ、いるじゃん！」ってなって、「僕、山口さんと一緒なんです！」って言って外来に来るとかね。そういうふうにでもアクセスできるといいなって思います。

本人のものは本人のもの

「失敗やつまずきだって、その人のもの。」

「ゴメン！」と心から言える僕になりたい

「困っている自分」に気づけなかった僕

今思えば、ＡＤＨＤである自分と向き合うようになるまで、僕は自分自身について、本当の意味で悩んだことが一度もなかったのかもしれません。

「自分が困っている」事実に気がつかず、どうにも身動き取れなくなってしまってからようやく気づく……ということを繰り返し、他の人は分かっているらしい現実が「自分にだけ見えていないらしい」状況が多々発生（今もですが）。当然、僕を取り巻く人たちが僕のことで困っていることにも気づきません。

自分には、「気づく能力」が欠落している——そのことにさえ気がついていませんでした。

例えば、このようなことがあっても自覚がないのです。

・「うっかりどころじゃない見落とし」で、車の事故を繰り返す。
・用があって出かけたのに、肝心の用事を忘れてしまう。
・場の雰囲気を壊すような発言をして、周囲から白い目で見られる。
・付き合っている女の子のことをちっとも理解できていない。

そして人から責められたり嫌われたりするたび、自分の都合のいいように出来事を解釈し、偏った材料で物事を結論づけていました。

あいつが悪い、状況が悪かった、運が悪かった、だれにでもあること……として片付けてしまって、自分の行動のまずさには気づかず、謝る必要性も感じない。改めて振り返ったり考えたりする前に忘れてしまう。こんな調子でいたので、〝本当の自分の姿＝困っている自分〟を発見することはできませんでしたし、「自分には特別な問題はない。むしろ有能な人間だ」と思い込んだままでした。

第1章でも述べたような嘘やごまかし、自分を正当化するといった僕の言動も、始めは「自分には特別な問題はない」という思い込みを守るために身に付けたものなのかもしれません。

郵便はがき

料金受取人払郵便

神田局
承認

7846

差出有効期間
2024年6月
30日まで

切手を貼らずに
お出し下さい。

101-8796

537

【受　取　人】

東京都千代田区外神田6-9-5

株式会社 **明石書店** 読者通信係 行

お買い上げ、ありがとうございました。
今後の出版物の参考といたしたく、ご記入、ご投函いただければ幸いに存じます。

ふりがな お名前	年齢	性別

ご住所　〒　　　-

TEL　（　　　）　　FAX　（　　　）

メールアドレス	ご職業（または学校名）

＊図書目録のご希望	＊ジャンル別などのご案内（不定期）のご希望
□ある □ない	□ある：ジャンル（　　　　） □ない

書籍のタイトル

◆本書を何でお知りになりましたか？
□新聞・雑誌の広告…掲載紙誌名[ ]
□書評・紹介記事……掲載紙誌名[ ]
□店頭で □知人のすすめ □弊社からの案内 □弊社ホームページ
□ネット書店［ ］ □その他[ ]

◆本書についてのご意見・ご感想

■定　価	□安い（満足）	□ほどほど	□高い（不満）
■カバーデザイン	□良い	□ふつう	□悪い・ふさわしくない
■内　容	□良い	□ふつう	□期待はずれ

■その他お気づきの点、ご質問、ご感想など、ご自由にお書き下さい。

◆本書をお買い上げの書店
［ 市・区・町・村 書店 店］

◆今後どのような書籍をお望みですか？
今関心をお持ちのテーマ・人・ジャンル、また翻訳希望の本など、何でもお書き下さい。

◆ご購読紙 (1)朝日 (2)読売 (3)毎日 (4)日経 (5)その他[新聞]
◆定期ご購読の雑誌［ ］

ご協力ありがとうございました。

ご意見などを弊社ホームページなどでご紹介させていただくことがあります。 □諾 □否

◆ご 注 文 書◆ このハガキで弊社刊行物をご注文いただけます。
□ご指定の書店でお受取り……下欄に書店名と所在地域、わかれば電話番号をご記入下さい。
□代金引換郵便にてお受取り…送料+手数料として500円かかります(表記ご住所宛のみ)。

書名	冊
書名	冊

ご指定の書店・支店名	書店の所在地域 都・道 府・県 市・区 町・村
	書店の電話番号 （ ）

「点」を「線」にしていく

嫌なことがあると、そのことと向き合わずに逃げる。それが、僕にある大きな問題点の1つです。だから、なかなか自分の中に「核」ができない。当時の僕は今よりももっと、いろんなことが「点」でしかなく、「線」にならないことが多い人生を送っていました。

自分がＡＤＨＤであることを知って、ようやく自分自身に目を向けざるを得なくなり、人とのかかわりも増えていく中で、「このままじゃダメだ」という焦りを感じ始めました。そして、ただ通り過ぎていく日常のさまざまな出来事の1つ1つを、「じっくり感じてみる・確かめる」ことを少しずつ意識するようになりました。

もちろん、それを僕1人でやるのはとてもとても無理な話で……。これまで出会った人、一緒にその場にいてくれた人たちの支えが常に欠かせなかったことは、言うまでもありません。

そして、いろいろなことに少しずつ実感が伴っていく中で、時々ふと「あ！ そうか！」「なるほど！」というように、「何かがつながる」感覚が降りてくる瞬間を感じられるようになりました。

「そうか！ だからあのときうまくいかなかったのか！」「あのときこうしたから、今、こうなってるんだ！」「そうだよね、こういうふうにしないと誰にも僕の話を聞いてもらえないよね……」「あのときあの人に言われたのは、こういうことだったんだ！」――そんないろいろな「！」が、例えばホームセンターの品出しのアルバイトをしている最中に、突然僕の中にボンッ！と降りてくるといったように。

そんなことを繰り返す中で、「前のこれが、ここにつながっている」という実感が生まれ、初めて自分の人生がつながって見えてきました。点と点がつながって線になり、その延長線上に今の自分がいるという感覚。そして、それって気持ちいいことなんだということが、徐々に感じられるようになってきたんです。

頭の中のごちゃついたものを取り出してみる

「点」と「点」が結べたときのスッキリ感！　「ああ、こういうことかあ！」という実感をもちえた感覚。そこには、何かすごいことを発見したようなワクワク感がありました。そんなワクワクを感じた出来事で、こんなこともありました。

当事者の相談事業に関わるようになり、僕は、それまで自分が育ってきた環境や関わってきた人たちへの恨めしい思いに折り合いを付ける必要を感じるようになりました。そこで、感じたことや思いついたことをメモにして書き出してみるようにしたのです。振り返ると、これを始めた当初は、独りよがりな思いばかりがあふれていました。

そうやって言語化して外に出してみると、だんだんと自分の感情や状態が見えてきました。そして、「これはどういうこと？」と誰かと一緒に深めていったり、整理したりすることで、自分の中に少し客観的な見方が出てくるようになりました。

あるとき、いろんなことを考えたいのだけどうまくまとめられず、頭からあふれ出る情報が収拾つかなくて苦しくなって……。自分の中から出てくるものを端から捕まえ、その辺にあった紙にすべて書いていったことがあります。

ひと通り書き終わって落ち着いたところで、そこにわっと広がるものを見たら、「ああ、これが僕の頭の中の散らかっているさまなのかぁ」って分かりました。そして、それらのメモを並べ替えたり、いらないものを捨てていったりしていったら、1つの考えが出来上がってきたんです！　自分の頭の中で、初めて道筋だった考えを導き出すことができた瞬間でした。

こんなふうに「気づき」や「実感」を1つずつ自分のものにしながら、少しずつ視界が開けていったのだろうなあと、今振り返って思います。

「嫌な自分」がクリアに見えた瞬間

これまで見えていなかったことが見えてきた中で、こんなこともありました。

当時付き合っていた彼女のことが好きなのに、大事にするというのがどういうことなのかがまったく分かっていない自分に気づいたのです。

どうして自分は大事なものを大事にできないんだろうとか、どうしたらいいかが分からない自分に気づいたことなどが、頭の中でグルグルグルグルするうちに、パチン！　とスイッチが入って……。「そういうことか！」と。

今まで自分がやってきたこと、自分が今までどれだけひどい人間だったのかっていうことがスウッと入ってきました。自分の姿が初めて分かった感覚。それは突然、目の前に鏡が置かれたような出来事でした。

同時に、強い怒りや「なんで教えてくれなかったんだよ！」っていう恨みの気持ちが湧き出してきて、涙が止まらなくなりました。このことは、初めて自分のいたらなさや幼さをはっきりと実感できた出来事であり、「自分ってどういう人間なんだろう」ということを真剣に考えるようになったきっかけの1つになりました。

「できない自分」をほどよく受け止めて

あともう1つ、ありのままの自分が見えるようになった大きなきっかけになったのは、当時服用していた薬「リタリン」の処方が日本で停止になったことです。

リタリンの不適切な使用・乱用が社会問題となり、2007年に厚生労働省がリタリンの処方停止を決定しました。また当時、ADHDの新薬として開発された「コンサータ」の認可にあたっては、「中学生くらいまでの子どもに限る」という制限が設けられ、大人である僕は、必要な薬を入手できなくなる事態に陥りました（現在は、コンサータの成人服用が認められています）。

僕の生活は薬の助けを前提に成り立っていたので、リタリンがなくなると知ったときは、またリタリンを飲み始める前の僕に戻ってしまうんじゃないか、生きていてもしょうがない自分に戻っちゃうんじゃないかという恐怖心に襲われ、パニックになりました。

リタリンがなくなり、案の定、僕はいろいろなことが段取りよく進められなくなりました。リタリンを飲んでいたときは、実際に何がどれくらいできるようになったのかがよく分かっていませんでしたが、飲めなくなってみると、薬の助けで「できていた自分」のイメージがしっかりあっただけに、「ああ、自分って本当にこんなにできなかったんだなあ」ということをまざまざと見せつけられた思いでした。そのときは、「何かができるか、できないか」ということでしか、自分を測れていなかったのかもしれません。

でも、あるとき気づいたんです。

「これでいいじゃん。リタリンを飲んでいるときはできて当たり前。今はリタリンを飲んでなくてもこれだけできてるじゃん！」と。

ＡＤＨＤと分かってちょうど10年目。等身大の自分を認めて、できないところは、だれかに補ってもらえたら助かるな、ということを素直に感じられるようになりました。ちょっとだけいらないものを捨てられて、ほんの少し楽になったような気がしました。

ありとあらゆる自分――プラスもマイナスも丸ごと理解して受け止められたら、ずいぶん違うのだろうなあと思います。それがないから、自分を過大評価したり、過小評価したりしてしまう……。ちょうどよく自分を評価できなくて、攻撃的になったり、うつになったりするのかもしれません。

「できない自分」を自覚して、いい塩梅で自分を評価できれば、素直に誰かの助けをありがたく思える。心から「ごめんね」が言える。そして、自分の力が何かの役に立つのであればささやかであっても活かしたいって思える。

こんな思いをもつようになってから、僕の内側から「もっとよく生きたい」「こんなふうになりたい」という願いが出てくるようになりました。欲求や願いが生まれると、人はいろいろなことを理解しようとする。分かろうとするのだと僕は思っています。

生き続けるために「必要なコト」
を教えてほしい。

いろんな「経験」を食べて大きくなる

「ヒト」が「人間」として生きるために

突然ですが、僕の中では「ひと」を表す言葉にいくつか種類あります。

①生物としての「ヒト」
②人格（人権）をもって生きる「人」
③社会を構成する能力・技術（社会性）をもった「人間」

僕は、子どもは「人間」に育てるべき「ヒト」と捉えています。「人」として社会で生きるには、社会性をもった「人間」であることが求められ、それがなければ、社会で生きることを許されなくなってしまう結果にもなりかねません。そうならないために重要なのが、「ヒト」が「人間」になるために必要なもの。きっといろいろありますよね。

たぶん「ヒト」は、その〝いろいろなもの〟を経験を通して実感（学習）し、身に付ける。そのたびに、「ヒト」は「人間」に近づいていくんだろうなって思うんです。もし心が生き物だったら、きっといろんな経験を食べて大きくなるんじゃないかなあ……。だから、その〝いろいろなもの〟を、周りにいる人が勝手に奪わないで！と思うのです。

周囲の人に本当に守ってほしいもの

親や支援者などの周囲の人が、「当事者を守ってあげたい」という思いで本人の気持ちを「代弁」する場面を目にすることがありますが、「でもそれって、〝あなた〟の思いだよね」と感じることがあります。

本人じゃない人が代弁・変換することで、一時的に、表面的に、丸く収まったように見えるかもしれませんが、結果的にいつか本人に痛みが返ってくる……。時には居場所をなくしてしまうことだってあるかもしれません。周りがよかれと思って選んでくれたことであっても、その結果が返ってくる先は本人です。

トラブルを周囲で解決して、本人に責任を取らせない。「ごめんなさい」を言う機会を奪う……これが、本人を「守る」ことになる？　それって、社会に生きる「人間」を育てるのとは逆行した、社会からはじき出されるような育て方になっているんじゃないのかな？と感じてしまいます。

たとえ痛みを伴うものであっても、その人のものはその人のもの。「ごめん」も「ありがとう」も、1つ1つを本人が自分のものとして実感できるようにすることが、「人」が社会の一員＝「人間」になっていくことを助ける育児・支援なんじゃないかと思うのです。

そしてそれは、何か「特別な」かかわりなどではなく、誰にでも必要な「丁寧な」かかわりなのではないでしょうか。

学校で育んでほしいこと

プロローグでも述べましたが、ある調査によれば、発達障害のあるヒトの情緒的な発達（心が成長する・人間になる）の速度は、定型発達のヒトに比べて7割なのだとか。その法則でいくと、発達障害のあるヒトは高校を卒業する頃にやっと12歳の情緒段階になる計算になります。僕の場合はもっとゆっくりでした。

ですから、発達障害のある人は、人の気持ちや状況判断といった「形のないもの」を経験から学ぶことが非常に困難です。些細な人間関係も、定型発達の子が2、3度の経験で学習できることを、僕らは5回も10回も繰り返す。

つまり僕らは、他の人たちよりも多くの試行錯誤が必要なのです。言い換えれば、僕らが社会に出られるまでに育つには、9年間の義務教育では足りないということになります。

じゃあ、学力が身に付けば「人」「人間」になれるのかと言えば、そうではない。もちろん僕は、〝学力の高い〟子どもではありませんでした。字はグチャグチャで漢字はほとんど書けず、歴史は年号を覚えられない。地理なんて、今でも都道府県の位置関係がよく分からない……。

20代中頃に彼女ができて、その人と「交換日記」を始めたのですが、始めた当時の僕の日記は、ミミズが這ったようなひらがなばかりが並んでいました。でも、彼女の日記は整った字で、ちゃんと漢字が書いてある。さすがに「かっこわりぃ」と思って、いそいそと辞書を引いて漢字を書き、少しでもきれいな字を書くために必死になりました。おかげで今では、当時に比べてずいぶん漢字が書けるようになり、字も少しはましになりました。

それは、言ってみれば、学力なんてそんなことで身に付くんだと思えた出来事でした。でも逆に、漢字が書けるようになっても、「人間」にはなかなか近づけないことが分かった出来事でもありました。

学校（教育）は、「ヒト」を「人」「人間」に育てるための場所（もの）であってほしい。社会に出るための練習の場であってほしい。そこには成功や失敗があって、いろいろな人がいて、助けたり助けられたりといったさまざまな経験ができる。そんな中で、「やりたい」という気持ちを育てる場であってほしい。

それは、障害の有無に関係なく、「みんな一律に」の平等ではなく、必要な子に必要なだけ、少なくても十分な子にはそれなりにちょうどよく。子どもたちが「素敵な大人」になれる手助けをする教育であってほしい。

良く生きるために必要なのは学力だけではなくて、「僕（私）って素敵だ」と思えることじゃないかなあ。そう思える経験がたくさんできる〝教育〟だったらいいなと思っています。

「役割」や「立場」が「人間」を進化させる

さて、「人間」として生きていくうえで目指すべき目的地はどこでしょう？　僕の目的地は、「〝ここにいていいよ〟と言ってもらえるような人になること」です。

どうしたらその目的地にたどり着けるのか。どういう方法がベストなのかは僕には分かりません。これまで出会った人からいただいたものを糧にして、いろいろなことに取り組んで、その延長線上に今の自分があるわけですが、未だ僕は目的地に向かう試行錯誤のプロセスにいます。そしてこの目的地は僕の目的地でしかなく、皆が同じやり方で同じプロセスを踏むわけじゃないのだと思います。

ただ、1つ言えるのは、「やりたい」と思うことに出合うこと、それをするための「立場」や「責任」を負う機会を与えられることが、僕が変わるきっかけになってきたということです。

それは例えば、自分より小さい人を保護する責任を負ったとき。福祉業界に携わるようになったとき。人前で話す場面を与えられたとき。

中でも変化が最も現れたのは、グループホームを立ち上げたときです。自分にはずっと「雇われる」側だけの視点しかありませんでしたが、それが「雇う側」から見るとこうなのか！　同じことでも全然違ってくるのだと、視界がグンと広がったようでした。また、支援する側に回り、「福祉ってなんでも叶えてくれる魔法の制度なんかじゃないよね」という、これまでになかった実感をもつようにもなりました。

自分を構成する要素が新しく加わった、自分がそれまでもっていたものだけでは足りなくなった、より多くの人に配慮する立場になった……。そんな局面に直面すると、自分が今できることは何か。できない部分はどうやって補ったらいいのか。誰にどんなふうに助けを求めたらいいのか、といったことに向き合わざるを得なくなります。

それは決して簡単なことではなく、相当なパワーと覚悟を要します。時には逃げたくなることもあります。でもそれが、自分を一歩も数十歩も「社会に生きる人間」に近づけてくれる大事なプロセスになっていることは間違いないのです。

障害があるから役割をもたさない。そんなことがあるのなら、それは守ることにはならないし、むしろ社会から遠ざけてしまうのではないでしょうか。それに、自分の力が、存在が、ささやかにでも何かの役に立てているんだという何にも代えがたい喜びを奪ってしまうことにもなります。だれしも、自分の存在がだれかのいいことにつながっていると感じられたとき、より良く生きたいと思えるものですよね。

いろんなことをくぐり抜けてきて、一緒に人生を歩むパートナーを得て、今の僕はようやくこう思えます。「生きてるってそんなに悪くない」「この先の人生も楽しみだなあ」と。

モヤモヤ・ザワザワ　障害者×支援者のエピソード

エピソード④
「失敗の実感を知らないまま……」

ほかのグループホームから別のグループホームに引っ越したDさんは、意のままにいかないことがあると大声を出して暴れます。また、何かと人のせいにしたり、自分より弱い人を使おうとしたりする姿も見られます。

前のグループホームでも同じような振る舞いを繰り返して、雰囲気が悪くなったことが気に入らず、引っ越したDさん。家族や支援者は、注意するとまた暴れるからと、そんなDさんの気になる姿をなるべく問題化しないように流してきてしまいました。

ただ、日常的に周囲に対して高圧的な態度を取ることや、Dさんから怒鳴られて怖い思いをしている住人たちのことを見過ごしていては、Dさんはまた、今のグループホームにいられなくなる。そうして同じことを繰り返してしまうのではないでしょうか。

山口レンズより

いけないこと・やっちゃダメなことを教えられないまま、向き合うことを回避されたまま、生きてきたDさん。これまで「失敗した」という実感をもてる機会はたくさんあったはずなのに、それが提供されないままやり過ごしてきてしまいました。

「自分のしたことの結果がこうなるんだ」という現実が目の前に来なければ、今のやり方はまずいやり方だと思えない。なんとかなっちゃったら、なんとかなっちゃったことにしかならない。

「次のグループホームがあるからいいか」ではなく、今いるグループホームがDさんにとって「ちゃんと失敗できる場所」になるといいなと僕は思っています。

田中レンズより

これまでのエピソードに登場した多くの人と同様に、Dさんも対話に失敗しています。それ以上に、自分の思いの通し方を誤って体得しています。そこにあるのは、「要求は通ったがちっともうれしくない」という気持ち。寂しさが残ります。

孤立感と引き換えに要求を通すことが、Dさんの真意なのでしょうか。結局Dさんは居場所をなくしていきます。どこかで引き留める必要があるはずです。

エピソード⑤

「〝寄り添う〟とは？」

以前、支援員のEさんと話していたとき、Eさんがこんなことをつぶやきました。

「〝寄り添う〟ってどういうことだろう？」

障害を理解する、対応を考えるなどいろいろな寄り添い方があるけれど、「本人に寄り添う」と言ったとき、それが「見逃す」ということになってしまうとズレてしまうんだよねと。まずいことをしたのになかったことにされちゃったら、それは寄り添ったことにならない。「本人が失敗しないですむ環境を用意すること＝寄り添い」というのもなんか違う。本当の意味で寄り添うのだったら、その人が社会の一員として生きていくために必要な「糧」はなんなのかを考えなくちゃならないよねと。

例えば、身体障害のある人がつまずかないように段差をなくす。けれども、つまずく経験をしなければ、段差があることすら知らずに社会に出て行くことになる。なんとなくうまくいったときってあまり成長しなくて、身をもって学習するのは失敗したとき。厳しくしてもらうことが結局は本当の親切につながるってこともあるんじゃないか……。そんなことをEさんと語り合ったことが、ずっと心の中に残っています。

山口レンズより

以前、ある専門家が「障害のある人は失敗させちゃいけない」と発言したのを聞いて、強烈な違和感をかんじたことがあります。失敗とどう折り合うか、どう回復していくかってとても大事なはずなのに、障害福祉の世界って意外とそれをなかなかさせてもらえないことがある。失敗する前に奪われることがたくさんあるなあと感じています。それって、学習する機会を奪われていることになるのでは……？

Eさんが言うように、ただその場が丸く収まる「寄り添い」、なんとなくやり過ごす「寄り添い」ではなく、時に葛藤や苦痛を共にするような「寄り添い」こそが、本当の意味でその人の自立につながっていくんじゃないかなあと、僕の経験を重ねて感じています。

田中レンズより

寄り添いは、〝躓かせない保護〟とは異なります。躓いても立ち上がる勇気を共にもち続けることです。

哲学者であるジャン＝ジャック・ルソーが、著書『エミール』に書いた言葉があります。「人は子どもの身をまもることばかり考えているが、それでは十分ではない。大人になったとき、自分の身をまもることを、運命の打撃に耐え、富も貧困も意に介せず、必要とあればアイスランドの氷のなかでも、マルタ島のやけつく岩のうえでも生活することを学ばせなければならない」――寄り添いの真の目的は、己の判断で生きる力を実感することではないでしょうか。

エピソード⑥
「我が子を守る＝今をやり過ごす？」

発達障害のある男性の母親であるFさん。息子さんは大学で学んだ後、ある企業で働いていましたが、だんだんと失敗やトラブルが増えて退職。実家に戻ってきて、ずっと家に引きこもっています。

精神が安定せず入退院を繰り返していますが、なかなか良くなりません。家庭内暴力もあり、Fさんが息子さんに殴られたアザが見られることもあります。

でも、Fさんは決して息子さんを責めないし、周りからアザのことを聞かれても何も言いません。息子さんに事情を聞こうとしても遮ってしまいます。Fさんも息子さんも苦しいはずなのに、絶対に周囲に「助けてください」と言おうとはしません。

とても心配なのですが、息子さんにアプローチしたくてもFさんがガードしてしまって取り付く島がなく、どう関わっていったらいいか悩んでいます。

山口レンズより

障害のある子をもつ親が、我が子を規制してしまうケースに出合うことがよくあります。この場合、子どもと言っても成人なのですが……。

子どもに失敗をさせない。結果を出させない。周囲に助けを求めさせない。とにかく今をやり過ごそう、という答えを親が出してしまう。たとえ今は良くても、５年後、10年後……

いつか親がいなくなったときどうする？　いつかは向き合わなくてはならないことが先送りになって、結局、後でその分とても痛い思いをするのは本人です。

僕が問題行動を起こしたり、うつを患ったりといった二次的な問題を抱えたように、Ｆさんの息子さんにも雪だるま式に張り付いてきたいろいろな困難が見られます。この状態を全部「発達障害」とくくってしまうと、本質的な問題と向き合うことができません。また、目の前の状態さえ解消できればいいという感覚では、根本的な解決につながりません。

そのことに気づいてもらうにはどうしたらいいのか……モヤモヤするばかりで、なかなかいい考えが浮かばずにいます。

田中レンズより

これはとても難しい問題です。我が子に発達障害があると分かった親御さんの中には、なにかしらの罪悪感や責任感を抱え込んでしまい、周囲とのかかわりや周囲からの支援を拒否するかのような態度を示す方もいます。

Ｆさんには徐々に子別れの準備をしていくと同時に、息子さんにも親離れの準備が必要になります。Ｆさんが罪悪感を感じず、息子さんの力を信じ、同時に息子さんもうまくできたことは自分の手柄、失敗も自身の経験として受け止めていくことが求められるでしょう。また、

Ｆさんがそこから生じる喪失体験に大きく落ち込まないような配慮も必要です。

エピソード⑦
『「ごめんなさい」を言う機会の保障』

通所施設で、人の物を盗ってしまったＧさん。本人も交えてスタッフでそのことを話し合う中、Ｇさんは黙ったまま。スタッフだけでこの出来事への対応について話し合い、「Ｇさんはこうだから、ああなっちゃったんだろうね」「今回はこういうふうに対応しよう」と、勝手に話が進んでいきます。

結局、その話し合いの中でＧさんに気持ちを確かめたり、理由を尋ねたりすることはなく、この問題を周囲の人が片付けてしまいました。その後、Ｇさんが物を盗った相手に謝ることもありませんでした。

山口レンズより

このような本人不在の話し合いというのは（本当はその場にいますが）、障害者支援の場で実は結構よく見かけます。なぜこうなってしまうのか……。これが障害者を「守る」ことだという感覚が土台にあるのかもしれません。

でも、それでは当事者はいつまでたっても「謝る義務」を果たせません。自分の行いによって味わう苦い思いを「実感」することができません。本人を「守る」って、果たしてこういうことなのでしょうか？

このような守り方は、当事者を現実社会から遠ざけるだけではないかと感じてしまうのです。

田中レンズより

Gさんが自分を〝透明化〟しないために、周囲がきちんとGさんの存在を明らかにする必要があります。生きることは「存在」していることです。そこには躓きも成功もあります。過ちをも直視することで、うまくいったことへの達成感もひとしおになるものです。

国連の障害者の権利に関する条約の合言葉「私たちのことを私たち抜きで決めないで(Nothing about us without us)」は、「私たちにも当然の責任を取らせて欲しい」ということでもあるはずです。

Ｇさんに必要なのは謝ることというより、「どういった責任を果たすか」という対話と助言かもしれません。

山口×田中のキャッチトーク ②

診察室で出会ってからその後……

田中　僕が職場が変わることになり、山口さんも北海道を出ることになって医者と患者という関係ではなくなったんだけれども、その後も時々近況を知る機会はあって。

山口さんは、生活を組み立てていくために既存の手立てではなくて、山口流に工夫して、試行錯誤を繰り返していましたよね。久しぶりに再会したとき、「言いたいことをメモしていたけど忘れました！　後で電話します！」って言っていたけどかかってこなくて、本当に瞬間瞬間を生きている方だということを改めて実感しました。

山口　基本は変わっていないんです（笑）

田中　第1章のキャッチトークでも言ったけど、山口さんが当事者としての生きづらさを知る立場として子どもたちと向き合って、「こんなふうに明るく生きられるんだよ」と伝えたいという趣旨で、ピアサポーターの仕事を頑張るんだって言っていたのは本当に衝撃だったんです。自分の生活を一生懸命やるだけじゃなくて、子どもたちに対して、良い面・悪い面も含めて見本として登場するんだと言っていたのがすごく印象的だったんですよね。

山口　田中先生はそういうふうに見ていてくれたんだなと思うけど、僕としてはプライドや「認められたい」という気持ちがあったなあって、振り返って思います。そのときやってきたことが、結果、今の自分の材料になっているから、決して無駄なことではなかったとは思うんですけど。いろんなことを見たり聞いたりして出し方が変わったり、成長したりもしたのかもしれないけど、田中先生に診てもらっていたときからの延長線上にいる、というのが実感としてあります。そんな中で時々先生に会えるのは、ご褒美みたいですごくうれしかったですね。

薬について思うこと

田中　第2章の中で、山口さんがありのままの自分が見えるようになった大きなきっかけの1つが、「リタリン」の処方停止だったという内容がありましたね。

今処方されている薬はコンサータだけど、コンサータを飲んでハッピーだと言う人と、「飲むことで生活はしやすくなるけど、何か違う」と感じる人がいて、あえて飲まないで素の自分と付き合っていくことを自己選択する人もいるんだよね。僕はそれはいいことだなあと思っているんです。薬を使うことで一部は楽になるんだけど、それで解決する問題じゃないところがあったり、コンサータを飲むと、自分が今まで付き合っていた自分の発想ができなくなる人もいたりするみたいなんだよね。とても落ち着いちゃって、自分が自分じゃないみたいなんだって。

山口　僕も今はコンサータを飲んでいますが、確かにそうなんですよね。

田中　前に山口さんが、「リタリンを飲むとちゃんと落ち着くんです。で、リタリンを飲んでいなかった自分はなんてかわいそうなやつだったんだ！と思うんだけれども、そんな自分もまた愛おしいっていう感覚がある」と教えてくれたよね。そんなふうな薬との付き合いを考えたときに、「効き目があるから飲みましょう」というだけじゃなくて、飲んで変化した自分のありようとどう向き合うかということや、あえて飲まないことで当然出てくるであろう失敗とどう付き合っていくかということもあるんだと。第2章に書いてあるように、できない自分と向き合うということの良さってあるみたいなんだよね。

僕は、発達障害って障害でも脳の病気でもなく、そういう長所・短所を強くもっている脳のタイプの1グループだと思っているから、そのタイプとどう付き合っていくかということが自分の中で得られることがポイントだと思っているんです。そして同時に、この本でも言っているように、それで周囲との折り合いが付けられるかどうかでだいぶ違うんじゃないかなって。例えば、視覚障害のある方に点字ブロックがあるように、30分しか集中できない方にとって、誰かが「30分経ったらブレイクタイムを取ろうね」と言ってくれたら助かる。そういうことが普通にできていくための広がり――「障害」という広がりじゃなくて、脳のタイプの広がりが出てくれれば、薬を無理して飲まずにすむのかもしれない。ただ、「薬があることで私の生活が成り立っています」という方もいるから、やっぱりそこは自己選択すべきなんじゃないかと。

山口　僕の場合は、薬を飲んでないときのほうが穏やかな気持ちで過ごせるんですよね。考えるスピードがゆっくりになっていろんなことが通り過ぎていくので、ぼんやりして過ごせるんです。薬を飲むと、今みたいにちゃんと話せちゃうんですよ。自分の中でなんとか話を組み立てようと努力するし、聞こうとする。実際の生活で、探し物の頻度は飲んでいないときのほうが多いです。確かにそういう大変さはあります。探しているときに別の物を見つけてそっちにいっちゃったり。

ただ、薬って怖いなって思うのは、効いている時間が長いから、できちゃうことが当たり前になっちゃう。薬がないときの状況を把握できなくなっちゃう。「僕は実は、うっかりさんなんだよね、てへっ」っていうのができなくなっちゃうんです。

「コンサータはやめておきます」って言えることに、憧れるところがあります。でも、車を運転していて事故を起こしたくないなと思う。薬を飲んでいたって起こすときは起こすけど、飲んでなかったからっていう後悔はしたくないなという思いが、やっぱり「飲む」ほうを選んでしまう。仕事の電話を受けたときに、ハキハキ受け答えできないのは困るし恥ずかしいと思っちゃう。だから薬を飲みたいってなっちゃうんですよね。頼りたくなっちゃうんです。

もしかしたら薬を飲まないほうが生きやすいのかもしれないと思ったりもするけど、現実の生活を考えたときに、飲んだ方がメリットが大きいと今の自分は感じてしまうんですよね。

田中　こういう薬を出すかどうかというのは、医者としてもすごく迷うところがあるんです。きっと飲んだほうがこの子の生活はまとまるし、いい結果は出るんだろうなとは思う一方で、飲むことでその子が自分で自分を追い詰めちゃうかもしれないと思うこともある。途中で「一回休んでみる？」っていうふうにしてみると、飲んでいないときのほうが楽だと感じる人も結構いるんだよね。過集中になりやすい人も多くて、そういう人は薬が切れてくる夕方から夜ごろにどっと疲れが出てしまう。そういったバランスが難しいところなんです。

ぎりぎりまで薬を飲まないで頑張れたらいいなと思うけど、受験や就職活動があると、そこが終わるまでは……と思ったりもするし、周りの評価はやっぱり薬を飲んでいるときのほうが高いんだよね。だからすごく迷います。逆に、そんなところに僕がこだわっていて薬を処方しないことで、その子に不利益をもたらしているんじゃないだろうか、これは僕の勝手なエゴかもしれない、という悩みもあって。こういう薬は飲んだら結果が出せちゃうから、そのいい面もあるし怖い面もあるしっていうのを常に感じています。

山口　確かに、周りの人はトラブルは少ないほうがいい、勉強はできたほうがいいって思うだろうし、子どもも周りの思いが分からなくもなかったりもして、苦しい選択になっちゃうことも多いですよね。

田中　そうなんだよね。特にお子さんの場合は、「僕は薬を飲まなきゃダメな人間なんだ」っていうふうに誤解しちゃうのは避けたい。

だから、「この薬は元々ない力が出るなんていうような魔法の薬ではない」ということと、「飲んで今よりもいい結果が出たとしても、それはあなたの力であって薬の力じゃないんだよ」ということを伝えています。「あなたの力を出しやすくするか、出しにくくするかだけの問題だから自信をもってもらいたいし、自信をもてば、薬飲まなくてもあなたの力を出せるときがあると思っていいんだよ」と。

山口　薬との付き合い方を自分でちゃんと考えられるようになったらいいと思うんですけど、それがまだ難しい子どもたちにとっては怖い部分もありますね。周りの人がそのことについてどれだけ想像できるかってのにかかってくるのかなあ。さっき、あえて薬を飲まないことを選択する人もいるっていう話がありましたけど……。

田中　自分で「飲まない」って決めた高校生がいたんだ。コンサータを飲んだらびっくりするくらい落ち着いて、学力も上がったんだけど、「いつもの僕じゃない」って感じたんだって。コンサータを飲んでいなかったときは、友達とたわいもない話をしてワイワイ楽しんでいたんだけど、薬を飲むと、それがつまんなく感じるようになった。で、どっちを取る？ってなったときに、「僕はコンサータをやめて、友達と楽しく話をするほうを取ります」って決めたんだよね。それって、飲まない自分と飲んだ自分を比較できた良さだと思う。この薬を飲んで変わるのは、やる気や根性とかっていうレベルの問題じゃなくて、「脳の中の何かが動くんだ」ということが実感として分かったうえで、じゃあ集中したいときに飲むか・飲まないかというような自己選択・自己決定ができるといいですよね。

本人が失敗と向き合うことが回避される状況のナゼ？

山口　第2章では、当事者本人が失敗を経験したり、自分がやったことと向き合ったりするチャンスが回避されてしまう状況について考えてきました。僕は、それは誰かが意図してそうしているというよりも、何かそうせざるを得ない空気みたいなものがあるからなんじゃないかと感じているんですが……。田中先生は、そういう状況についてどう考えますか？

田中　いろんなことがイメージとして湧くんだけど、まず、「失敗させるのはかわいそう」「失敗させたくない」という周囲の思いがあって、転ばぬ先の杖を用意しちゃうっていうのはあるだろうな。それは、その段階で相手の力を低く見積もっていたり、可能性にチャレンジさせる芽を摘んでしまったりするという意味ではあまり望ましくないだろうと思うんだよね。育ちというのは痛みを伴うもので、成長というのは失敗を繰り返すことなので、その場では一時的に回避したとしても、その先はどうなる？ってなりますよね。転ばぬ先の杖は持たないで、転んだら起き上がれるように手を貸すっていうのが必要だと僕は思っているので、「若い人はいくらでも失敗していいんじゃない？」って伝えるようにしています。

ただその一方で、例えば子どもが万引きしちゃったときに、障害があるから大目に見てもらいましょうというふうにしがちなんだけど、僕は「警察に行って謝ってきてください。そして、こういうことをするのはよくないんだよ、ということをちゃんと教えてもらってきてください」と本人と親御さんに伝えています。こういうことがあるたびに、お母さんにお願いして警察に連れて行ってもらっていると、本人が警察官と顔なじみになったりしてね。警察の人もいろいろな向き合い方をしてくれて、町で見かけると「大丈夫か？」と声をかけてくれることもあるみたいなんだ。そういうのも大事なんじゃないかなって思うんだよね。

山口　うんうん。

田中　これもさっき薬の話で出てきたのと同じで、「自己決定」してほしいんだよね。本人が自分で決められるといいなと思うんだ。例えば、どんなに周りの人が「あの大学に入るのは無理だよ」と思っても、本人が受けたいなら受けてみたらいいと思うんだよ。受けてダメだったら、ダメだったということを本人が思い知る。受けたいのに受けさせてもらえなかったら、本当は僕には受かる力があったのに……という幻想にしがみついて残りの人生を生きていくことになるかもしれないし、親に恨みをもつかもしれない。だったら受けてみたらいいじゃんって。今は障害の有無に応じて、受験時間を延長するといった配慮がある大学もあるので、そういう枠の中のサービスも活用してみたらいいよね。

山口　本当にそうですよね。あともう1つ、本人が失敗することが回避されてしまう状況に関連して僕が思いつくのは、「責任」が発生してしまうということ。本人がやったことの結果について、周囲の人がその責任を問われてしまうということもあるのかなあと。

田中　「この人がそういうことをするのは難しいと分かっていて、なぜそうさせたんですか?」というクレームが来て責任を問われたらどうしよう……と。それで、本人のための計画というより、ゴタゴタが起きないような計画になっていくようなことがあるかもしれないよね。

山口　組織には必ず責任者がいる。それは当然のことなんですけど、責任って言ったって、最終的にその結果を背負うのは誰かって言ったらやっぱり本人だよねって僕は思うんですよね。

結果が返ってくるのは本人のところなんだよって。だからといって、「本人に頑張らせよう」という流れにはしないように気を付けないといけないですけど……。

当事者に対して、「ああしなさい、こうしなさい」「あれをしてはいけません」って指示する人を見かけますけど、僕はそれって傲慢だと思うんです。あなたの言うとおりにしていたらこの人は幸せになるの?　この人が幸せだと思える人生をあなたが組み立てるということですか?って聞きたくなる。じゃあ福祉ってそもそも何を目指しているんだろうね?というところにもかかってきちゃって……。なんかこう、しんどくなっていくんですよね。

田中　本人不在のところで丸く収めようとするのは、「最後に私が責任取るよ！」という人がいないっていうのが大きいんじゃないかな。例えば学校だったら、校長先生が「最後に僕が教育委員会と向き合うから！」と言うとか、その組織として毅然とした態度があれば、現場の教師がもう少し余裕をもって子どもと向き合えるのかな……と思うんだけどね。

本人も支援者もハッピーでありたい!

「自分が幸せになるためには、
身近な他者も幸せである必要があると思う。」

支援者としての僕自身の危うさ

自分の困り感をすり替えて

僕が運営しているグループホームのあるメンバーが、居場所をなくしつつありました。その人は自分本位の言動が強くて、一緒に暮らしていくことが難しい。みんなが耐えきれないから退所の方向で……と、僕たちは話を進めようとしていました。

そんな中、ある人から僕はこう指摘されたんです。「それって、あなたの困り感、山口さんがその人に耐えきれないってことなんじゃないの？」

その言葉で、僕は一緒に暮らす他のメンバーが苦しいからと言いながら、そこに自分の苦しさを被せて、言い換えれば、みんなの困り感を利用して、自分に都合のいい判断を下そうとしていたことを自覚しました。

自分自身の困り感を、仕事上、誤った形で解消しようとしていた。それを無意識に行っていた……。

支援者としてそこにいる自分の危うさにハッとしました。

支援者も自身の弱さをオープンにして

支援者自身も、困っているときに「困った」「しんどい」「助けて」と言えないと、この仕事を続けることは難しいなあということを痛感しています。

どこかで、「私は支援者であなたは利用者」という一面的な関係性にとらわれてしまったり、「支援者は支援者然としていなきゃならない」という感覚が無意識にでもあったりすると、利用者の前で弱音を吐きづらくなっていきます。

そして時には、僕もやってしまったように、不安や焦りが屈折した形で出てきて、自分の困り感を別のものにすり替えて解消しようとしてしまうこともあるかもしれません。それはたいてい、立場の弱い人の何かにすり替えられてしまいます。

それでもどうにもならないとき、突然それが表に出てきて「もう支援できません」「やめます」と、バーンアウトしてしまったりする。

福祉ってなんだろう。福祉って何を目的にしているの？と改めて考えると、福祉＝Welfare、幸せを目指していく仕事。そうであれば、そこに関わるみんなが「助けて」って言い合えなきゃおかしいって僕は感じています。

人間だれしもできないことや困っていることがあるはずで、それは支援する―されるといった立場関係なしに助けてもらえるはずのことなのではないかと思います。支援者が自分の弱さをオープンにすることは、全然恥ずかしいことではないし、間違ったことでもない。むしろ、そこにいる人たちの世界を広げたり、協力しようという気持ちにもつながったりすることもあります。回り回って支援者が自分の仕事をしやすくなるという結果につながることもあるかもしれません。

大切なのは、支援者も当事者も同じ社会を共に構成する1人として認め合えているか。

支え合えているか。

自戒も込めてその原点に立ち返り、この章では、僕が今携わっている福祉現場・支援現場を眺めていきます。そしてそこで僕が今感じている「気持ちの悪さ」について、ああかな？こうかな？と掘り下げて考えてみたいと思います。

「人同士の当たり前の関係性が
そこにもあるはずだよね。」

「本人にとっての幸せ」と「周囲にとっての安全・安心」

困っているのは、誰？

支援者が障害のある人を支援する、養護する……。こういった支援者のかかわりについて、僕自身の反省も含めて思うところがあります。

本人が困らないように、よかれと思って取るアクションが、本当に本人のためになっているのかな？　そもそも困っているのは誰なんだろう？　この本の冒頭から述べている、僕が抱く気持ちの悪さやモヤモヤの多くがここにつながっています。

例えば、お金の使い方が気になる場合に、支援者から、お金の管理をしたほうがいいんじゃないか、本人に使わせないようにしたほうがいいんじゃないか、といった対策が提案されることがあります。これは、将来的にお金がなくなったらその人が困ってしまうから、いざというときに使えるお金は確保しておいたほうがいいから、といった支援者心から出てくる意見です。
でもこれらはやっぱり、どこまでいってもあなた（支援者）が思うこと。本人がどう思うかは別だと感じるんです。

「実際に困った」経験からしか得られないこともある

「将来のことを考えて、普段の生活ではあまりお金を使わないように」と、日頃から周囲に言われていたHさんがいました。でも何度言われても、周囲が望む計画性と彼なりの計画性の捉えにはズレがありました。

本人が困らないように、周囲は先を見通して対策するけれど、お金がなくなるってどういうことかというのは、お金がなくなるまで分からない。特に、僕のような特性のある人はそんなに想像力が豊かじゃないから、実際困ってみないと、困ったときに備えるなんてことはできない場合が多いものです。

一方、お金に関して心底困った経験のあるIさんは、自らすべての通帳をきょうだいに預けて、そこから家賃やおこづかいをもらい、そのお金も世話人さんに預けています。

Iさんは以前、きょうだいたちに自分の借金を返してもらった苦い経験があり、精神的に追い詰められて引きこもりになった過去があります。それがものすごく辛かった、しんどかった。どうしていいか分からなくなってしまった。だからIさんは、自分でお金を管理するのはやめると決めたんだと話してくれました。

見ているとIさんのお金の使い方は相当慎重で、「これ買っても大丈夫ですかね？」と聞いてくることもあります。もともと几帳面という特性もあるとは思いますが、心底困った経験があるから、自分はここで生かされているという感覚があるし、ある人が同じような苦い体験に足を突っ込もうとしていたら、「あなたが生きていくには、この場所が必要なんだよ。だから、それをやったらマズイよ」と相当な説得力をもって諭してくれるIさんなのです。

多分、それは「実感」があるから。その実感がないと、いつまでたっても「助けてもらえる」って思ってしまう……。そう考えると、先ほどのHさんのお金の使い方を制限することが、果たしてどれだけ本人の役に立つのだろう、それだけで解決になるんだろうか、と首をかしげてしまうのです。

例えばお金が本当になくなってしまって、生活保護になった場合の制約についてもHさんには話してあります。生活保護があるからいくらでも使っていいっていう話じゃないんだよということも。それでもやっぱりお金がなくなってしまったとき、それがどういうことなのかを身をもって体感する、そのつらさや不安を実感する経験もまた、Hさんのものではないかと思うのです。これは、過去の僕自身が、どん底を経験して初めて、いろいろなものが見えるようになった実感もあって思うことです。

そんなわけで、お金の話は極端な例ではありますが、その人が自分の行いによって招く結果（それが本人が困ることであっても）を見守る、というような〝未然に防がない〟かかわりも、その人が生きることを支える一部なんじゃないかと僕は考えているのですが……。「それは支援ではない」と言われることもあります。

支援者の「よかれ」と本人の「困りごと」

支援者の話し合いで、Hさんと同じような課題があり、「後見人をつけたらどうか」となったJさんがいました。実際に窓口に相談してみたところ、Jさんが利用できる後見人制度というのは契約なので、Jさん自身が後見人を希望する意思がない限りつけようがないと言われました。本人自身に「助けてもらいたい」という気持ちがない限り、また、後見人を付けるというのがどういうことなのかが分からないのであれば利用しようがないと。

この提案が出たときの支援者の思惑は、「Jさんが自由にお金を使えないようにしたい」ということでした。だれかほかの人に金銭管理をしてほしいから、後見人をお願いしたいと。後から考えると、後見人は本人の意思を尊重するので、そもそもおかしい話だったのですが……。本人が貯蓄を増やしていきたいのかどうかの確認もせず、本人がどうしたいのかということも分からないまま、支援者の「よかれ」という思いから出てきた提案でした。

Jさんが困らないようにという「よかれ」とセットで、自分たちが困らないようにという思惑もあった、とりあえずの「よかれ」。

「本人が何を助けてほしいと思っているのか」「何に困っているのか」――僕にしてみればそれが自己意思の決定の部分だよと思うのだけど、それはどうやったら助けてもらえるんだろう。本当の意味で助けてもらえるってどういうことなんだろう？

本人がしたいと思わない限りはできない。それは福祉のありようだけではなくて、世の中全体本来はそうであるはずなのに、障害福祉においては、まだ本人の希望や主権がないがしろにされることがあるなあと感じることが多々あります。最初から、「本人は表明できない」「妥当な判断ができないはず」という思い込みがそこにあることもあります。

そこにいる人々に添った「仕組み」って？

福祉サービスが契約制度になったのは２０００年。

僕は、この契約という仕組みが本当に機能しているんだろうか、僕は事業者として、利用者さんとの契約を正しく結び、履行できているのだろうかと、常に不安に思っています。

Ｈさんだって、Ｊさんだって、契約してそのサービスを利用しています。それって、本人がそのサービスを利用したいと思った、そこに住むのがいいと判断したという前提で契約しているわけです。それに、「この人には適切な決定ができない」という司法判断があるわけでもない。

そうであれば、本来は、ＨさんにしろＪさんにしろ、本人が求めていないことはやっちゃいけないんだよねという状況にあるわけです。それが結果どうなることであれ、そのルール、約束は本来破られてはいけない。Ｈさん、Ｊさんに所有権のあるお金をどう使うかは、本人たちにしか決められないはずなのです。

でも実際は、そういったことで困ってしまっている支援者がいて、どうもうまく回っていかない福祉現場の現実があり、いろいろな歪みが生じています。

じゃあどうしたらいいのか、ということは僕もまだ分からないのです。福祉現場で働くみなさんは、そこをどう感じているんだろう。もし、同じようなことで困っている人がいるなら、どうしたら本人にとっても、支援者にとっても、生きやすい仕組みになるのかを一緒に考えたいと切に願っています。困っていることは困っていると一緒に声を上げていきたい。そうしないと、みんな困っちゃいますよね。

「それでいい」から「それがいい」に

日々利用者さんと接する中で、僕自身が利用者さん本人の意思をないがしろにしてしまっていることがあります。それは大抵、後から気づくのですが……。些細な会話のやりとりの中で無意識に起こることも多々あり、それだけ僕の潜在意識に相手を自分の都合のいいように誘導しようとする感覚がこびりついているのだろうと気づかされます。

グループホームからどの作業所に通所するかを検討中だったKさん。Kさんの運動不足が気になっていたので、僕としては少しでも歩いて鍛えてほしいという思いから、送迎付きの施設（A）ではなく、歩いて行ける施設（B）を選んだほうがいいんじゃないかと考えていました。

僕がKさんに「Aにする？　Bにする？」と聞くと、Kさんは「Bでいいよ。Bに行ってほしいんでしょ」と答えました。選択肢を提示することで、一見Kさんの意思決定を尊重しているかのように投げかけながら、この質問をするまでに「こうした方があなたのためだよ」という僕側の勝手な「よかれ」を押し付ける言葉でリードしてしまっていたのだと思います。

きっと、日頃ちょっと発する僕の言葉が、そこここでこんなふうに相手を誘導しているのです。

結局、Kさんは送迎付きの施設に通うことに決めました。もともとKさんは、あまり自分の気持ちを表に出さないところがありました。でも最近のKさんは､「これがいい」になってきた。「自分で選択しなきゃ」という意識が出てきました。いや、これまで出さなかった、出せなかったのであって、これまでもずっときっとあったんですよね、Kさんの「こうしたい」という思い。それを「この場所でなら出しても大丈夫」とようやく感じてもらえるようになったのかなあ、と感じています。

相手が「それでいいよ」と言ってくれると、楽だし安全・安心だけれど、やっぱりそればかりでは本人の幸せにはつながらない。「それでいい」ではなくて、「それがいい」と言える人的環境をつくっていくことも、きっとサービスを提供する側の人間としての大切な役割なのだということに、最近僕はようやく気付きつつあります。

「〜べき」「これがいいに決まってる」「こうする決まりになっているから」よりも、「本人にとって何が幸せか」、自分でできることは自分でする幸せ、だれかに「助けて」と言える幸せ。そこを軸にやっていけないだろうか。支援する人もされる人も。きれい事、理想だと言われるかもしれませんが……。そして、そのためには「みんなにとってそうとは限らないという前提」が必要なのではないかと感じています。

社会で生きる上で、だれもが一人では生きられない。だれかに助けてもらわないと進めていけないことがたくさんあります。だからこそ、自分も、助けてくれる人も、気持ちよく過ごせることを考えていけたらいいなあと思うのです。

モヤモヤ・ザワザワ 障害者 × 支援者のエピソード

エピソード⑧
「答えが出ないことだってある」

グループホームにいるLさんは、強いストレスを感じると時々大声で叫びます。支援者たちが集まって、Lさんはなぜ叫ぶのか、どうしたら叫ばずにすむのかを話し合っていると、その場にいたLさんがひと言こう言いました。

「そんなの分かれば、やってないよ」

山口レンズより

このエピソードに対して、僕は「そりゃそうだ」と思いました。Lさんだって、きっと叫びたくて叫んでいるわけじゃないし、それって必要でやっていることなのかもしれないとも思うのです。

そもそも、「取り除いていいもの」ってなんでしょう？　人間関係の難しさや、思うようにいかない不便さ、自分の力だけではどうにもできないことへのストレス……。そういったものを僕らは取り除こうとしがちだけれど、すべて無くしてしまうことは不可能だし、全くストレスがない状態って逆に不健全ではないでしょうか。

そうなると、いかにそのストレスと付き合うかということになるわけですが、Lさんは時々叫ぶことでストレスを自分のものにして、肌で感じているのかもしれない。それを取り除いちゃっていいのかなあと。ただ、周りの人も突然の大声にびっくりしてしまうでしょうから、そこも踏まえてどうしたらいいかを考えなくてはなりませんが……。

本当のことってそんな簡単には見えてこなくて、混沌としているもの。全てに正解が示せるわけでなく、「答えが出ません」も答えの1つになるときもあるんじゃないかと感じることがあります。

田中レンズより

Ｌさんはストレスを感じたら叫ぶことで対応してきましたが、グループホームではそれが許容できない事態となった。これは「これまでの行動を変えるチャンス」です。叫ぶ以外のことでストレスと付き合える方法を皆で一緒に考えるチャンス。なんらかの方法が思い浮かび、それが実践されるまでは、当面これまで通りに叫ぶことを継続してよいのではないでしょうか。そして、これまで自分のなかで作り上げた手立てを、今度は多くの人と一緒に相談して検討できる。これも良い経験になればいいですね。

もし、叫ぶ以外の特効薬が見つからなかったら、ある程度周囲に迷惑にならない程度の叫び方を練習しましょうか、という提案もありです。できることから始め、少しでもよい方法を検討することです。でも、山口さんが言うように答えが出ないこともある。いえいえむしろ、人生は答えが出ないことのほうが圧倒的に多いと思います。

エピソード⑨

「善意とかボランティア精神とかに頼っていたら、助けてもらえるシステムがなくなっちゃう」

あるグループホームに入居していたMさんは、自治体の障害福祉担当者から「Mさんが楽しく暮らせることが一番ですから」と言われました。そして、その言葉を根拠に、同居しているメンバーや世話人などに無理難題を要求するようになりました。

困った経営者がその担当者に相談をしたところ、「障害福祉なんだから、利用者の要望に応えてもらわなきゃ困る」という返答。「でも、それじゃあMさんは良くても、ほかの入居者が楽しく暮らせません。Mさんがこのままなのであれば、周りの人たちが動くしかありませんよね。そうなったら、このグループホームの経営も危うくなりますが……」。そう経営者が伝えると、担当者は慌てた様子で「ちょっと待ってください！　上の者と相談します」と言いました。

その後の担当者からの返事は、こんな内容だったそうです。「契約に従って全て進めてください。事業所と利用者の間の契約について自治体が口を挟むことはできません。信頼関係がなくなってしまったのなら、その利用者との契約の解除も視野に検討してください」

山口レンズより

たったの半日で、この１８０度違う対応。そんな浅いところで当事者の立場に立たれてしまうと、事業所の経営は行き詰まり、最終的にその人が居場所をなくしてしまうことだってあり得ます。

「当事者を尊重する」ってどういうことなんだろう……。本人が良くても、周囲との関係は？福祉施設は利用者のどんな要望に対しても、無理をしてでも応え続けなくちゃならないの？福祉なんだからあれもこれもして欲しい、ボランティアでやってくれるよね、サービスがあって当然だよねという空気を感じることがよくあります。でも、それって本当に当事者のためになることなの？　それに、福祉だってお金を稼いで仕事をしている世界なんだよ？

こういう空気が、「やってもらって当然」「やるのが当然」という意識を増長させているんじゃないだろうか……。こう感じるたびに、僕の中で気持ちの悪さが募っていくのです。

田中レンズより

ここにあるのは、関係機関同士の理解の有無です。耳障りのよい言葉には、かなりの無理があります。権利の主張はあって当然ですが、実際にはできること・できないことが存在します。そのなかで僕たちは折り合いをつけて、まさに三方一両損的な立場で手を繋いでいます。

相手を思いやりながら、上手に自己主張することも生きる力です。頼ることも大切で、言ってみないと確かに何も始まりませんが、すべてが叶うかどうかでなく、実情をどれだけ理解して、その上で、どこまで互いにやりとりができるかが関係性をつくります。そこには真の対話が求められます。

エピソード⑩

「犠牲の上で成り立たせるのは苦しい」

80代のお母さんNさんが、60代の娘さんを連れて生活支援の相談に来ました。具体的な支援案について話し合う中で、Nさんは、とにかく娘さんにとってストレスのない自立生活をさせてあげたいと訴えます。

Nさんが高齢なこともあって、我が子への支援を急ぐ気持ち、自分がいなくなった後も幸せに過ごしてほしいという強い願いがあるのは重々理解できます。でも、要望の中には、支援者に過剰な負担がかかることも……。

これについては対応できるけど、これについては難しいという説明をしても、Nさんは「それはグループホームでなんとかしてもらえない？」の一点張りでした。

山口レンズより

高齢のお母さんの切実な思いを、なんとか福祉の現場が受け止めてあげてほしいと、多くの方が感じる場面かもしれません。

ただ、グループホームにいるのはNさんの娘さんだけではなく、Nさんの要望を聞くことで、他の人に提供できなくなってしまう支援が出てくるリスクもあります。そこは支援者も一歩踏み込んで話をしたいところ。譲れるところは譲る。想像し合う。互いの苦しい立場を認め合って、その状況をなんとか埋め合うことができたらいいのにと切に思いますが、現実はもどかしい。なかなかそうはいかないことが多いのが現状です。

支援される立場でもある僕がよく感じるのは、「福祉は、みんなから分けてもらった余裕でできていたらいいのになあ」ということです。僕の生活が、だれかの犠牲の上で成り立っていたら苦しいなあ……。家族との時間を削って、寝る時間や余暇の時間を削って、支援が成り立っていたら嫌だなあ、それはやめてほしいなあと。

「どこまでやってもらうことが適当なのか」の判断はとても難しいことですが、どちらともが大事にされてほしいと思います。

田中レンズより

Nさんの思いは、第2章のFさんのエピソードとも一部重なりますが、高齢であるNさんは、自分でできない部分を全面的に相手に委ねたいという思いにあふれています。

これまで頑張ってこられたNさんの献身的な努力には頭が下がりますが、支援現場でまったく同じようなことはできないし、今後はこの娘さんが主体的に生きるために自分の思いを表出し、それに対してできること・できないことを提案していくという対話になります。Nさんの思いをすべて引き受けることがこの娘さんの真意かどうかも検討しながら、できることを1から始めていくことになります。そこでNさんが失望したりショックを感じたりしないよう、娘さんの成長変化を伝えていくことも支援者の役割になるでしょう。それがこの時期のNさんへの労いになるはずです。

エピソード⑪

「当人の意思を確認・尊重するという意識そのものが抜けてしまっている違和感」

ある時、「自分が不在にしている間に、世話人さんに勝手に部屋を片付けられてしまった」と、グループホームに住むOさんが憤慨し、世話人さんにつかみかかって文句を言いました。

その世話人さんからすると、掃除をしてあげたのになぜ文句を言われるのか分からないという心境だったようです。世話人さんはOさんがつかみかかったことをとても問題視してOさんに謝罪を求め、その後の関係者の会議でもこのことが議題に挙がりました。ただ、世話人さんがOさんへの確認なしに掃除をしてしまったことは話題に出ませんでした。

山口レンズより

Oさんが世話人につかみかかってしまったのは、確かに謝らなきゃならないことです。しかし僕が一番気になったのは、会議の中で「世話人が部屋に勝手に入って掃除をしちゃったこと」にだれも目を向けなかったということ。Oさんの支援に関係している人たち全員がそこに問題を感じない、当然のように意思確認なしに流していってしまうことに疑問を感じないということが、すごく気持ち悪いなあと。

重度の障害がある人の支援の場合は、本人の意思確認がとても難しいので、支援者の判断で掃除をしてしまうということもあるかもしれません。でも、Oさんのように意思の確認ができる人にまで、同じやり方をしていていいのだろうかと思うのです。障害者ひとくくりの対応ってどうなんだろうと。

また、この出来事が起きた背景に、「ものを言う障害者を嫌う」支援者側の感覚もあったのかもしれません。僕にも心当たりのある感覚で自戒を込めて言いますが、そういう思いが根底にあって、障害者に障害者らしさを求めてしまうことって意外と多いように思います。

田中レンズより

ここではOさんの主体性が無視されたかのような状況が展開しています。

支援者はできない人の代行でなく、実現に向けてできることを増やし、当人に生きる自信をもってもらうことに腐心するのが仕事です。かといって、できないことを強要するのはよくありません。かかわりの中で何をどこまで手を貸して、何をどこから自分で行ってもらうかを検討し、実践していきます。低く見積もることもあれば、高いハードルを設定してしまうこともあります。それは僕たちが相手のことを十分に理解できていないからです。

他者を理解できないのは悪いことでなく、ある意味当然のことです。だから僕たちは試行錯誤し、同時に少しでも相手を理解したいがためかかわり続け、失敗と成功を繰り返していきます。

エピソード⑫
「『本人が自分でできること』も、福祉の責任？」

グループホームで生活するPさんは、グループホーム周辺の道をよく知っているし、道の渡り方も理解しています。でも、ある世話人さんは、Pさんが1人で出歩くことをとても不安に思っていて気が気じゃありません。「Pさんがどこかに出かけてしまいました！」と、そのたびに大騒ぎになってしまいます。

山口レンズより

人によってできることは違います。その人の判断力や理解力を確かめながら、最低限の約束事を決めて伝えれば、できることもある。Ｐさんの場合、「出かけるときはスタッフに知らせてください」「帰る時間を伝えておいてください」というルールを共有しておく選択肢が考えられます。そういう段取りをしっかりしておけば、「判断力のない人を、なぜ施設は出歩かせたんだ」ということにはならないのではないでしょうか。

約束事を共有した上での責任は、その本人にあります。グループホームは契約の上で利用している施設でもあるので、その人が「できること」に対してまで責任を負うことはないし、なんのコンセンサスもなく、その人の「できること」を制限することもしてはならない、と僕は考えます。

ある利用者さんが、ポスティングの仕事をしているときに段差でつっかえて転び、膝にアザができてしまったことがあります。それは、一緒に歩いていた支援員の責任になるのでしょうか？

もしそれがスタッフの責任を問われるものであるなら、施設として利用者さんを出歩かせられなくなってしまう。本人がやりたいと思って頑張っている仕事を取り上げなければならなくなってしまう……。障害のある人のできることがどんどんせばめられていってしまいます。

本人ができること、本人が自分で気をつけること、そういったことに責任をもつこと。それも、その人が社会で生きるということだよね、と思うのです。

田中レンズより

本人と支援者が理解し合おうとする中で、両人とも時には失敗も、やり過ぎてしまうこともあります。Ｐさんに必要なことは、これまでのエピソードに登場してきた人たちと同じく、できることは自分でやり、できないことは誰かに手を貸してもらうという日々の当たり前の暮らし方ではないでしょうか。

山口×田中のキャッチトーク 3

福祉現場における〝当たり前の関係〟って？

山口　福祉現場での人と人の関係性はもちろん1つじゃないんだけど、どういうふうにあるといいんでしょうね。当事者の話を聞いていく、本人が何に困っているのかに焦点を当ててやっていく、ということが大事で、そうありたいと思っているんだけど、いざ現場でその心持ちでい続けるってすごく難しくて……。

第3章の中で、僕自身の困り感をグループホームの利用者さんたちの困り感にすり替えてしまった体験や、僕本意に誘導してしまう瞬間というのが出てきたように、目の前のことや現実に引っ張られていっちゃうんですよね。先生は診察でどんなふうに相手の話を聞いていくんですか？

田中　話を聞くとき、僕の中で「こういうことなんだろうなあ」といくつか想定して合いの手を入れるんだけど、それがいつも正しいとは限らなくて、「逆にそう思っていたのか」「そういうチャンネルがあったのか」という発見があることで、より理解が深まったりするんです。

対話って互いが理解し合うためのやり取りだから、最初から全部「そうだそうだ」「その通り」となったらおもしろくない。ズレがあるからおもしろいんだよね。僕がもっている経験や幅を超えるものがあるから、互いに築けるものがあるんじゃないかな。で、それってお互いさまで、「きっと田中はこう思ってるんでしょ」って言われると、「いや、そうかなあ？」って逆らいたくなるときもある。互いにそんな感じなんだろうと思うんだよね。

山口　うんうん。

田中　コミュニケーションにおいて自分の思いを抜きには対話はできないし、逆にそれがないと一方的に暴かれるやり取りになってしまうんだよね。診察で「先生もそんなときがあるんじゃないですか？」って聞かれたときに、「いや、僕のことはいいから。今は君のつらさの話なんだよ」と返してしまうと対話にならないから、「僕もそのときはつらいかな」って自分の苦しみや困り感も自己開示するし、「僕だったらそれは耐えられないけど、この人はよく耐えてるなあ」と比べながら、その人の気持ちを知ろうとしていくんです。

それは誘導しているわけじゃなく、対話の広がりで、相手の気持ちを想像してかかわるからこそ自己開示ができる。僕がどこまで自己開示できるか、という葛藤もありながらですけどね。「先生って何歳ですか?」と聞かれたのに「いや、僕の話はいいから」って突き放して「今はあなたの話なんだ」というふうにしても、自分のことも話さない人に自分の話なんかしたくないよって思うよね。「僕の中に入ってくるな、でも僕はあなたの中に入っていくよ」っていうこのいびつな関係性が不自然だと感じてきたから、白衣を着ないようにしたし、「僕も還暦でね」とか「尿酸値高いんだよ」なんていう自分の話もしたりする。だからなんなんだって話なんだけどね。

山口　あははは!

田中　第3章のタイトルに「本人も支援者もハッピーでありたい」ってあって、それは互いが互いを尊重し合える関係性だと僕は思うんだよね。長い付き合いになってくると、「先生もちょっと疲れた顔をしているけど、どうしたんですか?」って聞かれたりして、そんなふうに気遣われるし気遣うしっていうのが〝当たり前の関係性〟なんじゃないかなと。そこには、互いが尊重し合う、敬意を払うという気持ちがちょっとでもないといけないんだろうな、と感じているんです。

前に、ある精神科の先生が「おなじみの関係」という言葉を言っていてね。付き合いが長くなってくると、その人にどんな障害があろうとなかろうとおなじみで、「ああ、また来たね」「元気だった？　何してたんだい？」「へえそうしたんだ」って。そんなふうに、他人からおなじみになっていくっていうのが、ある意味、精神福祉とか社会福祉かなという気がしています。

山口　そうですね。僕も今精神科に通っていて、自分が患者でありながら「先生、すごく疲れてますね」「患者さんすごい人数だけど先生大丈夫ですか？」って聞いたりします。先生も「ちゃんと寝ないとダメだぞ」とか言って、診察なのか世間話なのか分からないような会話をするんです。でも、何かあったときにはすぐに「困ったよ先生」って言える関係性だと感じています。

相談をしたい人・受ける人の距離感や位置感覚

田中　医療の現場って、医者が言えば患者さんがそれをやるというのを前提としたやり取りの中で、ずっと垂直の関係があったんです。精神科医療もずっとそうやってやってきたんだけど、だんだん、言われる側の多様性や当事者性が出てきたときに、垂直の関係が壊れて水平になろうとしているんだよね。水平というとあたかもフレンドリーな感じなんだけど、「相談をしたい人・受ける人」という関係の中では、やっぱり責任のあるところでのやり取りになるので、どんなに頑張っても水平じゃなくて斜めになる。

山口　うんうん。

田中　で、強い当事者性によって逆垂直になることも出てきて、そのことを支援者側が恐れて水平にしようとするんだけれども、この関係が今ぎくしゃくしているんだよね。

この本で山口さんが書いているように、「この人の人生や成長に対して、それは応えたほうがよいサービスなのか、応えないほうがよいサービスなのか」ということを考えることなく、逆垂直の中で支援者がいろんなことを忖度して、「はい分かりました」と答えざるを得なくなるというような状況、その関係性の中で悩みながら生きるということができなくなっていくっていうことが、僕はなんだかよろしくないような気がしていて……。

「いまできることを一緒に考えていこうよ」という突破口を、一緒に考えていくような関係性をつくれるかどうかが大事で。

山口　一緒につくっていく関係性ということですよね。どちらか一方通行のものではなくて。

田中　そう。そういう関係性の中で、「ＡＤＨＤの人にこういう治療法」というような画一的・マニュアル的なことではなくて、これまで付き合いを重ねてきたおなじみのＡさんだから「これは言わせてもらうよ」っていう部分があり、「でもそこは分かる」「そこは言えないよ」というところもあるっていうことなんだよね。そういう、第1章のキャッチトークでも話した〝チューニング〟を、個人・田中としての正直な気持ちと闘いながら、しんどさも抱えながらやっていく、というようなニュアンスかなあ。

山口　ああ、先生もそんなふうに感じながらやってるんだなあと知れただけで収穫です……。例えば、グループホームでみんなの中でやってほしくないような行為があったとき、同じ当事者として、「でもやっちゃうよね」「それはそうするしかなくなっちゃったよね」ってすごく理解できるんです。ただ、現実の生活との狭間でどっちを採用するのが適切なんだろう？っていうのは常にせめぎ合います。田中先生も、個人的な価値観や正直な気持ちとの闘いの中でっていうのはそういうことなのかなって。

田中　うん。山口さんはグループホームをしょっているから、その枠組みを壊せないし、他の人たちの不利益にならないように気を配らないといけないし、一方で、そのことでその方にとって不利益にならないようにというバランスも取らなきゃっていうせめぎ合いは絶対あるよね。

「多様性」ってすごくいい言葉のように聞こえるけど、そんなきれいなことじゃない。むちゃくちゃな状況の中でどうにか泳ぎ切れっていうのが現実だよね。今までの垂直関係は楽だったけど、水平の中にもヒエラルキーがあって、順番があってという矛盾がある。ほどほどの斜めの関係の中で上がったり下がったりして、赦し合えるような状況になったらいいなあって思っているんだけどね。

今は逆垂直になってものすごくバッシングもあるし、みんな遠慮しちゃって言われたら引いちゃうみたいな雰囲気があって、その中で、言ったもん勝ちがまかり通るのは嫌だなあという印象はあるかなあ。

山口　さっき、2人がうまく関係性を保っていくためには、ちょっと斜めという立ち位置という話が出ましたよね。相手にチューニングしながら、そういった絶妙なバランスを取っていくというのは、どんな感覚なんですか？

田中　こういう応援支援体制って、絶対水平ではないし、仲間や友達でもなくて……。でもそれに近いような関係にあるから、ちょっと気楽に話ができるっていう雰囲気を創り出すのが大事だと思うんだよね。

だから、さっき山口さんが言っていたように、「疲れてますね」とお医者さんに言えるような雰囲気って大事。そういう中で、お医者さんが最低限の役割意識で「山口さんも寝なくちゃダメだよ」とか「僕のことは僕が管理できるけど、山口さん気を付けてね」というようなことをポロッと返す。そんなたわいもないようなことなんだけど、気遣い合える関係性があって、それは、硬い垂直関係でも嘘の水平のようなあなあな感じでもない。互いの立場が斜めにあって、山口さんが上になってみたり、医者が上になってみたり、シーソーのようになれるっていう感覚なのかなと思います。

山口　なるほど、シーソーかあ。

田中　そう。そこには、時間をかけて互いが慣れてきているという前提が必要だし、会うということ自体が負担ではないということがポイントになるけどね。

あと、僕一辺倒じゃなくて、利用者がそのとき、クリニックのどの立場のどの人を必要にしているか、というのもあるよね。診察で僕にいろいろ言わなくても、帰り際に受付で仕事の愚痴を言って帰ったり、看護師さんに僕に言わない話をして帰ったり。この話はやっぱり担当医にしておかないとまずいとか、これはこっちに言ってほっこりしたいとか、利用者さんも選択肢をもちながら利用しているっていうところはあるんじゃないかな。

山口　グループホームでも、利用者さんがこの世話人さんには話をするけどこの人にはしないとか、僕には話さないけど世話人さんには話をするということがあって、僕はそれがすごくいいなと思っているんです。

このテーマを考えるときに、先入観として一対一を思い浮かべてしまっていたけど、現場って一人じゃないですよね。本人との対話も大事だけど、かかわっている人みんなが互いをより知っていくことで、全体としてその人にとっていい生活空間みたいなものができ上がるのかもしれないですね。

関係者同士のコミュニケーション

山口　当事者にかかわっている人たちでチームとして、という話が出てきましたけど、関係者の横の繋がりや異職種同士って意外と関係が希薄だったりしますよね。なかなか話が共有できなかったり、関係者同士で分かり合えなかったりして、連携の難しさを感じることもよくあります。

田中　そこにいる関係者たちそれぞれの障害観や子ども観、教育や福祉哲学というのがあって、それと僕がもってるものさしとは違うんだなということはあるよね。それはどっちが正しい正しくないじゃなくて、互いにそのものさしがミスマッチなんだよね。でもそこで対立しちゃうと僕が背負ってる患者さんが苦しむだけだから、10伝わらなかったとしても1つか2つだけは伝わるようにとか、なんとか切り込めそうなところは切り込んでいくとかして、あきらめないようにというのは思っています。

僕らがやらなきゃならないのは、黒子としてのプランニングというか戦略をどうするか、というところなのかなあと。

山口　そうですよね。やっぱりけんか腰だと話が進まないですすもんね。何を目指してるのかといったら、この人のもらえるものをもらえるようにする、使えるものを使えるようにするっていうことだけですよね。そのためにやれることをやるという感じですよね。

田中　そうだよね。山口さんは当事者としての視点で、ものを言わない子や当事者が言えないことを代弁して周囲に伝えられるという部分で、すごく説得力があるよね。僕はそこは推測するしかなくて……。

で、僕がこれまで接してきた方々であんな人もいた、こんな人もいたって話すことがあるんだけど、時々その中で山口さんのことをお話しさせてもらうこともあるんです。すると、「そういう生き方もできるんですね」という希望が灯ったりしてね。先を行っている当事者の方々の活躍を知っていただくと、今に対してネガティブだった目線がちょっと変わることがありますよね。そういう役立つ情報をいくつかストックして、この人にはこの話をしてみるといいかなっていうふうにしています。まあ、ほとんど人のふんどしでっていう感じだけどね。あははは。

山口　先生は人のふんどしって言うけど、先生が持ってこなきゃそのふんどしはここにないですからね。「これ使って」って誰かが持ってくるわけじゃないし。僕は「先生、そのふんどしを持っていたんだね。すごいね」って思いますよ。

田中　ありがとうございます。

山口　今、僕すごくえらそうでしたね、すみません。

田中　ふんどしを持ってるのを褒められたのは初めてです（笑）

生活に密着したサポートってどこまで？　どのように？

山口　第3章の中で述べてきたように、福祉の立場で人の暮らしに密着したサポートをしていく中で、どういうスタンスで何をどこまで、というのは常に迷いもあるし、悩みます。

田中　支援をしていくうえで、まずその人の生活を知るのは大事なことで、一番いいのはその人の家に行って話をすることなんだよね。診察室でその人が語っている、「朝起きられないんです」「起きてごはん作れないから、コンビニで買ってきました」というその生活の風景が実際に見えてくる。そうすると、その後のその人との会話にもそういうビジュアルがイメージされるから、「ああ、あの角のコンビニに行って、朝ごはんを買ってきたの？」っていう会話ができて、それだけで全然違う。今は、僕は時間がなくなっちゃって、往診したり、学校を訪問したりとかができなくなっちゃったけど。

山口　この台所でどうやって料理しているんだろうとか、この部屋のどこで寝ているんだろうなとかっていう現場に出合うことがありますけど、それはすごく大事な情報ですよね。普段のその人との会話の中からはそういう具体的な話は出てこないこともあるし、耳で聞くだけだとイメージしづらい。でも、実際にそれを見た後だったら、「あそこでどうやってご飯食べてるの？」って聞けますよね。その人の家に行って状況を見るってすごく個人的な経験で、そのときに自分が感じたことを携えて、その人の話を実感をもって聞ける。その人にとっても、相手がうわべで聞いてるわけじゃないんだなって感じられるんじゃないかと思うんです。

そうやって生活に密着していく福祉だからこそ、ということでこの章で取り上げてきたお金の管理の問題なども浮上してくるわけなんですけど、医療ではお金のことに関して何かアドバイスすることはあるんですか？

田中　借金はあまりしないほうがいいよってことは言うけどね。

前に、自立するってどういうことかっていうのを当事者の方が書いた本を読んだんだけど、その方は「財布の中身を見て、そのお金で今日どうするかを自分で決めるのが自立だ」と言っていたんです。財布に千円入っていたときに、今日５００円で何かを食べて、残りの５００円は明日に残すか、９００円で何かを食べて明日は安い自販機でジュースを買って生き延びるか。財布の中の千円をどう使うかを自己決定するのが自立なんだ、って。

でも、ついつい周囲の管理体制が「３日あったら1日３３０円でやり繰りしないとね」っていう分割をしたりする。で、たばこが好きな人だと、今たばこは高いから、ここで吸ったらすぐ千円がなくなってごはん食べられなくなっちゃうんだけど、俺はごはんなんか食べなくたってたばこを吸いたいっていうこともあるよね。それも、周囲の人が「ダメだよ」って止めたりする。

でも僕は、その人がたばこを吸って気持ちいい思いをしたっていいんじゃないかと思うんだよね。万引きだけはしないでね、というのはもちろんあるし、もし本人から聞かれたら「何やってもいいよ」とは言わなくて、「その千円をどう使うかがあなたにとって今大事なことだから、よく計画してね」ということは伝えるけど。その人が「管理して欲しい」と言うようであれば、もちろん相談にも乗るし。

山口　そうなんですよね。その人が所有権をもっているお金を、他人である周囲の人がなんで管理できるんだろうって、僕は思っちゃうんですよね。当人の経済の自由は本来は保障されているはずなんだけどなあって。本人から頼まれていないのに、勝手に周囲の人が管理しちゃったらいかんだろうって。

当人にお金を使わせないようにする。何かを制限する。どこまでが制度としてやらなきゃいけないことで、どこからがそうじゃないのかっていうのがすごく分かりにくいですよね。片側には当人の自己決定・自由っていうものがあって、もう片側には制度としての義務があって、そのせめぎ合いがすごくあるなって。管理する方が楽とか、問題が起きると分かっていて止めないのはよくないとか、そういうふうに感じる人もいるし。現場において、なんともそこが分かち合えないなと感じるときがたくさんあります。本人がお金を使って、なくなっちゃいけないんですかね……？　何をするにしても、本人からお願いされて初めてできることだよねって僕は思うんですけど……。

もう1つ難しいのは、困り感が感じられない人にどうやって困り感を感じてもらうのか、感じてもらった方がいいのかの判断。これは健康によくないねということを、本人に何も言わないんじゃなくて、「これ大丈夫？　こうなっちゃうけど何も心配ない？」っていう働きかけはする必要がありますよね。でも、実際にそれをどうにかしようと介入するのは、本人から頼まれてからだよなってやっぱり思うんです。

田中　たばこは嗜好品として本人が選んでいるわけだし、ほかにも何十万もしたギターを買いました、って散財する人もときどきいるんだけど、お金を使って自分の好きな物を買うのも人生の楽しみだと僕は思ってるから、それは本来、誰かが勝手に管理するというものじゃないと思うんだよね。

さっきの関係性の話で言うと、少しおなじみの関係になってくると、全然その話題に触れないのもおかしな話だから、「たばこの本数を少し減らせたら、ほかのものにお金が使えていいんじゃない？って思ったりするよ」っていう茶々を入れたり、「まあ好きなんだもんな、しょうがないよな。でも、値上がりしてきてきつくなってきたね」「苦しまない程度にやりなよ」って言ったりはするけどね。

その人が医療や福祉の現場で自分からたばこの話題を出してくる時って、「やめる自信はないけど、不安でもある」というときだから、そこはやっぱり触れるよね。「自分でもちょっと嫌だなとか怖いとかって思ってるんだよね。でも、なかなかスパッとやめられないのがつらいところなんだよね。なんとか無理のない範囲でもし減らすとしたら、どんな計画が立てられるんだい？」とか、「僕がときどき、たばこ何本吸った？って確認したほうがよければやるよ」

というやり取りをしながら、それがあくまであなたにとっての支援になるようなメニューだったらやるよ、というスタンスかな。

垂直関係で、頭ごなしに「やめなさい」って言ってやめた人は見たことないので……。なかなか難しくてね。本人も無視されるのは嫌だろうけど支配されるのも嫌だし、時々は気にしてもらいたいというのもあるし。そのニュアンスに対して、どう振る舞うかっていう感じかなあ。

山口　そうですよねえ。できることってそれくらいですよね。やっと近づいて気の置けないやり取りみたいなものができてきたとしても、そこにいったん「強制」っていうものが入ってしまうと、その関係性ってあっという間になくなってしまう。「気にかけてるよ」「心配してるよ」「大丈夫？」くらいが関の山だよねって思うんです。

田中　そういう言葉って、ボディーブローみたいにだんだん効くんだよね。

山口　そうですね。どれだけそれを積み重ねてあるかってことなんでしょうね。「そういえば言われていたな」っていう。

田中　うんうん、そういうものだよね。

支援者にもねぎらいが必要

山口　この章は、「本人も支援者もハッピーに!」ということをテーマにしているんですけど、支援者などの当事者を囲む側の人たちって、「助けて」「僕には無理だからあなたお願い」って言いにくい状況があるなあって感じています。

田中　だんだんしんどくなるのは、描いた設計図どおりにいかないからだよね。そうであれば、支援者のポテンシャルとか熱意とかが問題なんじゃなくて、設計図を見直すというのがミッションになるんじゃないかなと。最初に作った設計図どおりに無理矢理やろうとするとしんどくなるし、場合によっては、その設計図どおりに動かなかった相手を責めてしまったり、「私はこの仕事に向いていないんじゃないか」と自分を責めたりしてしまう。すべては設計図のミスだよということだけなんだけど……。

で、当事者本人に責任をもってもらうためには、本人がイメージしやすい選択肢を用意するといいよね。「好きにやってもいいよ」って言っても何をどうしたらいいか分からないから、ABCのどれを選ぶ?っていうふうにして、2週間くらいやってうまくいけばそれでいいし、だめだったらCからAに戻そうとか、そういうことを楽しんでやっていくといいんじゃないかなあと思うんです。やり方はいろいろあると思うんだけど、その自由度が現場で保障されていないということなのか、自由度の責任の問題が出てくるということなのか……。

山口　福祉の現場で実感しているのは、僕たちができること、受け止められる範囲は本当に限られているということ。

うちのグループホームでは、利用者さんに「ほかの人との兼ね合いも考えて、あなたのこの要求を受け入れるのは難しいんだよ。力がなくてごめんね」と伝えることも結構あるんです。実際、世話人さんが対応できないことは無理だし、それを無理矢理押し込めようとするとどっちかが壊れてしまうから。世話人さんにも、「ギブアップしていいんだよ」と何回も伝えるけど、「自分のやり方がまずいんじゃないか」って自分を責めちゃう人もいるし、なかなか「困った」「助けて」とはならないこともありますね。

田中　以前、精神科医の中井久夫先生が、精神科医には〝回答強迫症〟があるという話をしていたんです。誰かに「どうしてでしょう?」って聞かれたら「分からない」とは言えないから、頑張って回答しちゃうって。それが結局、あまりいいことにならないことがあるから、分からないことは分からないと伝えたり、今は無理だよって言えたりしたほうが本当は誠意があるんだよね。

でも、志がある人であればあるほど、思ったようにいかないことに自己責任を感じてしまって、やめてしまう人もいる。それは本当につらいことだよね。これからますますそのあたりのケアが必要になっていくんじゃないかな。

この本で紹介しているエピソードにも出てきているような自己主張や感情の衝突を真正面から受けちゃうと心が病んでいくので、例えば職場の先輩が「こんなふうに切り替えていくんだよ」とか「あなたのことを信頼してるから、●●さんはあんなこと言うんだよ」「本当によくやってるよ」とか、ひと言伝えてフォローしてくれるだけでも違ってくると思うんだよね。支援者もやっぱり褒められたいし、ねぎらわれないと……っていうのがあるよね。

山口　きっと、医療も福祉もそうだと思うんですけど、「自分はここまでできる。これ以上はできません」っていう範囲を自覚しておく必要がありますよね。

田中　そうだね。最初に「うちのメニューはかけそばと天ぷらそばだけなんです」って話して、そこで「カレーそば」と言われたら、「すみません。違うそば屋さんに行ってください」って。そこで無理してでもカレーそばを作るよと言ってしまうと、「言えば結局作ってくれるんだ」ってお客さんは思っちゃうし、突然「できない」って言われたら「裏切られた」って感じちゃう。こうなると、それまで献身的にやってきた気持ちは「裏切られた」のひと言でたたきのめされてしまって、互いのためにならないよね。

だから、最初の枠組みって大事だと思う。「契約」と言ってしまうと味気ないけれども、「確認」や「約束」として、僕らができるのはこれだけなのでそれを承知して利用してほしいし、その都度話し合っていこうねってやっていくしかないんだと思う。

山口　そうですねえ。最初にそう言っていても、「そんなの聞いてなかった！」って言われたりすることもありますけどね（笑）

田中　あはは、そうだね。……まあそれにしても、仕事って何をどこまでやるのかっていう規約がないから、つい気になって首を突っ込むとどこまでも続くっていうね。そんなに崇高な気持ちをもっているわけじゃないんだけどね。

山口　僕も先生と同じだとは絶対言えないですけど、崇高な気持ちでやってるわけじゃないっていうところにはすごく共感できます。つい「なんでだろうね？」って思っちゃうんですよね。それが判明しないと気持ちが悪いというか、気になり続けてしまう……。なんででしょうね。別にそこに特になんか正義感があるのかっていうとそうではないし、僕の場合は、ただただ自分が気持ち悪いことを気持ち悪いって言いたいだけっていう。

田中　それはあるよね。今回の本はそういう本なんだもんね。

山口　そうか、そういう本でしたね。じゃあ実態の山口政佳っていう人間ってどうかっていうと、すごいいい加減だし、ちゃらんぽらんなんですよね。

田中　そこも同じだね！

山口　うれしいな！

障害があるのは大変だけど、不幸ではない

僕がグループホームを作った理由

〝お互いさま〟の風景から

週に何回か、僕が経営しているグループホームの世話人として働いてくれているQさんは、ほかの職種の仕事もしながら、週数回シフトに入ってくれています。穏やかで、いつも物腰が控えめな優しい人です。

そんなQさんがある日、利用者が集まって団らんをしているときにみんなにこんな相談をしたそうです。

この仕事が楽しくて、できればここのグループホームの仕事をメインにしていきたい。でも、子どももいるから生活するのにこれくらいの稼ぎが必要で……。どうしたらいいだろう？と。

後日、そのことを利用者のみんなから相談された僕は、Qさんはここでの仕事を楽しんでやってくれているんだな、とうれしくなりました。ただ、このグループホームの給料だけでは、Qさんは生活していけない……。申し訳なさも感じながら、僕もみんなに「どう思う?」と投げかけました。

「Qさんがもっとたくさんシフトに入ってくれたらうれしい!」「でも、ここのお金だけだと足りないんだよね?」「ヘルパーステーションを紹介できないかな?」「あそこの作業所、スタッフ募集してなかったっけ?」みんなQさんのことを思って、自分はどう思う、こう思うと自分の考えを出し合いました。

こういうのってすごくいいなあと、僕はその光景を見ながら感じていました。これって、「Qさんは自分たちの生活を支えてくれている人なんだ」ということがみんなの中にあるっていうことだよなあと感じたのです。

Qさんがいてくれて自分たちの生活が成り立っている。だから、自分たちもQさんに協力できることはないだろうかと一生懸命考えた。Qさんも、みんなのことが好きだから、仲間だと感じているから、みんなを頼りにした。

これって、「お互いさま」になっているように僕には見えたんです。ああ、僕はこういう風景が見たかったんだなあと。

楽しさを分け合える場所に

僕は、「ただただ楽しいグループホームを作りたかったんだ」ということを思い出しました。みんなが楽しく住んでいる所。いつかは、自分も利用者として住みたいと思える場所。

僕に発達障害があることに気づいてくれたある保育園の先生（25頁）が、前にこう教えてくれたことがあります。

「まあちゃんね、すべて〝楽しい〟っていう気持ちから始まるんだよ」

だから、何かをしようとするときや何かをしたとき、「ああそうか、僕はこれが楽しいと感じているんだな、楽しいと思えたからできたんだな。だから頑張れたんだな」と、自分の気持ちを確かめます。

「楽しい」と思えるところからスタートして、その楽しみを続けたいと思う。そうでないと、特に卑屈になりやすい僕のような人間は続けられません。


僕は料理することや食べることが大好きなので、グループホームを作った当初、特に、食事の時間は楽しくて、幸せを感じられる時間にしたいという思いがありました。

自分が利用者としてここで生活するとしたら、「何を食べたい？」って相談し合いたいと思うし、みんなで「おいしいね」と言って食べたい。


考えてみれば、みんなで集まって分け合って食べる生き物ってどれだけいるんでしょうか。ライオンは獲物に群がるけど、分け合っているわけではなさそう。サル山においては奪い合うよな……。

じゃあ、人間はなんで分け合いながら和気あいあいと食事を楽しむのだろう？　そのメリットってなんだろう？　あくまでも僕の個人的な考えですが、それは「あなたに危害を与えませんよ」の究極の形なんじゃないかと。あいさつに通じるところもあります。それを行うことによって、親しくなったり、結束が強まったりする。

おいしいね、うれしいね、楽しいね、よかったね、といった経験や感覚の共有。それが人間が社会で生きていく上ですごく大事なことだと感じるのです。

だから、うちのグループホームでは、世話人さんと利用者さんで話し合って、メニューを決めてもらっています。世話人さんにしてみれば、ほかのグループホームにはない大変さかもしれないのですが……。食事に関してはどうしてもそうしたかったのです。

僕自身が世話人としてシフトに入ることもあります。そのときに一番忘れないようにしているのは、やっぱりごはんをみんなと楽しく食べることと、何かをしてもらったときに「ありがとう」を言うこと。みんなを送り出すときは「いってらっしゃい」を言うこと。「気をつけてね」「元気に帰ってきてね」と。

自分の感覚でしかないですが、そういう言葉があると、またそこに帰ってきたい、誰かがいてくれてよかったと思えるような気がするのです。

ある世話人さんは、「みんなが帰ってきたときにここがきれいになっていたら気持ちがいいだろうなと思うから、掃除をちゃんとしておきたい」というポリシーをもって、ここをみんなが「帰ってきたい」と思える場所にしてくれています。

世話人の仕事の仕方は、それぞれ違っていいと僕は思います。時に、「会議を開いて、仕事のやり方の共有をしてほしい」という要望が出ることもあるのですが、利用者との関係性というのは、世話人それぞれで違ってくるはず。だから、僕のやり方を共有しても、あまり意味がないと思っています。

ハウツーって、やっぱりその人のものでしかないし、ハウツーを出してしまうと、「自分もそれをやらなきゃ」になってしまう。

「ここは大事にしよう」という基本が共有されていれば、それを踏まえてそれぞれが自分ができることをしようとするはず。

だったら、「●●さんって、こんなおもしろいこと言うんだよ」といったことを伝え合ったほうが、違う見方を得るきっかけになったり、見えていなかったことが見えるきっかけになったりするんじゃないでしょうか。それに、そのほうが楽しい。

利用者さんも働くスタッフも楽しく過ごせる。その楽しさを分け合えるような場所になったらいいなあ。それが僕の願いです。

自分の居場所を守るのは、自分

それぞれがそれぞれのやり方で

利用者のあるメンバーは、ここでの生活がどうもうまくいかずにいるメンバーに「一緒に楽しく暮らしたいね」と声をかけました。また、ある利用者さんは「ここを守っていきたいんです」と言ってくれました。新しい世話人さんが来たら、鍵はここにある、乾燥わかめはあそこ、暖房はどうしたらいいかなど、それぞれが助けようとしてくれます。

よく分からない人も分からないなりに、分かる人も分かるなりに、「自分のこと」ばかりにならないように、補い合えるところはそうしようと思ってる。自分は「ここを構成する一人」だという感覚をもっている。

だから、人を傷つけるようなことはしないんだと心に強く思っているメンバーがいる。ここで起こった問題について話し合っているときにその場から離れようとする人がいたら、「だめだよ、ちゃんと話そう」と呼びにいくメンバーもいる。自分がここでの生活で受け持っている役割に誇りをもっているメンバーもいる。

スタッフの大変さを利用者が補おうとする姿、互いが同じ土俵で支え合おうとする姿、話を聞き合おうとする姿。

これって、自分の居場所を守る究極のアクションではないでしょうか。

「ここがいい」からここにいる

最近、グループホームを体験したい、見学したいと来てくれた人には、まず「共同生活って人に気を使わなきゃいけないから、一人暮らしの方が楽ですよ」と伝えています。付き添いのワーカーさんに対しても、「まずグループホームで一人暮らしをする力を付けてっていうふうに考えて連れてきてくださったのだと思うんですが、僕はその順番は逆だと思う」「一人暮らしはちょっとあきらめるわ、無理だわって人がグループホームなんじゃないかなあ。練習のためにグループホームを使うというやり方も確かにあるけど、共同生活をするにはそれなりの覚悟や社会性が必要になりますよ」と話をします。

そして実際、グループホームを利用する話になったら、「建物は用意したよ。だけど、あなたの人間関係まではつくってあげられない、自分の居場所を守るのは自分だよ」と伝えています。そして同時に、「これは契約だからね。絶対ここにいなきゃならないんじゃないんだよ」「あなたが〝ここにいたい〟ということでこの契約があって、ここに住むことになってる。あなたが出たいと思ったときには出られるんだよ」という話をちゃんとするようにしています。

あなたは、無理矢理ここに入れられているんじゃない。選べるんだよ。「私、ここでいいです」ではなくて、「ここがいいです」と言ってくれる人に住んで欲しいんだ。

守り合うヒエラルキー

周りの利用者のことを常に思いやってくれているリーダー的な存在のRさん。ほかのメンバーが不利にならないように振る舞い、今、この人には情報が足りていないかもしれないと気づけば、「●●さん、大丈夫？」と声をかけ、確認をしてくれます。困ったときにはちゃんと世話人に相談してくれます。

僕はそこに、「守り合うヒエラルキー」があると感じています。

Rさん、いてくれてありがとう。Sさん、いてくれてありがとう。Tさん、いてくれてありがとう。そう思えて、初めて三角なり丸なりができる。

うちのグループホームは、今そんなふうにして回っています。

ある日のグループホームにて。
だれかが「うん」と言ったら、すかさずだれかが「こ」と言う。「こ」を言われないように、あえて返事は「はい」と言う作戦を考えるメンバーがいたり、前のめりに「うん」の前に「こ」を言ってしまうメンバーがいたり。すごい緊張感が漂っています。
これは、今、僕らの間ではやっている「うんこゲーム」です。

うまく「こ」と言えたときのしてやったり感たるや……。考えすぎて変なタイミングで「こ」と言ってしまったときには、みんなで笑い転げて大盛り上がりです。
これでいい。これがいい。

ここでみんなと大笑いしている。
僕が〝楽しい〟と思える瞬間です。

おわりに

山口政佳

僕は「鴨抜き」が好きです。

その昔、蕎麦屋で一杯引っかける呑兵衛が、鴨南蛮蕎麦の蕎麦以外をつまみとして先に食べ、〆にそのつゆで蕎麦を食べたことから始まったアレです。大好きです。

鴨抜きは、鴨肉もですが、何せネギがうまいです。一人一本はイケます。そして何より、〆の蕎麦が殊の外うまいのです。本当に大好きです。

僕がこの「あとがき」のことを考えながら本書の原稿を読み返していた時に書いたメモに、謎の一文がありました。

「かもぬきはそばがうまい」

読み返しを終え、あとがきを書き始めようとメモを見た時、僕は愕然としました。「なんのこっちゃ!!」と。その一文を書いた時には「我ながら良い例えだ！」と鼻息荒く思った記憶があるのに、はて、何の例えだったのかが全く思い出せないのです。メモを書いてから時間にして15分。焦る僕。思い出そうともう一度必死に原稿を読み返して1時間。今、やっと思い出しました。

「この本は鴨抜き方式です」

各章、まずは近視眼的な僕の脂っこい想いが綴られ（鴨肉）、その想いを受けてのエピソードに僕と田中先生の感想が続き（ネギ）、最後にそのすべてのエキスが溶け込んだキャッチトーク（蕎麦）。ということで、この本のメインは蕎麦です。

〜・〜・〜・〜・〜・〜・〜・〜・〜・〜・〜・〜・〜・〜・〜・〜・〜・〜・〜・

プロローグで触れましたが、僕が「本を著したい」などと身の丈に合わない想いを抱き、田中先生にメールを送ったのは２０１８年の夏のことでした。今読み返しても、素晴らしい内容のメールだと思いますが、プロローグでの引用部分、本当はもう少し続きがあります。続きはこうです。

「しかし、ご存知の通り、僕は言いたいことはたくさんあっても、本を独力で書けるほどの能力はありません。それでもなんとか、この違和感や危機感に抗いたいのです。家族に相談したところ、僕の言いたいことを本にまとめてくれる編集者を探すのが良いのではないかというアドバイスを得ました。田中先生のお知り合いで、そのような人がいないか聞いてみることも……。先生のお知り合いで、僕のまどろっこしくて分かりにくい話を、本にまとめてくださる方はいらっしゃらないでしょうか？　どうぞよろしくお願いいたします」

我ながら清々しいほど図々しく、他力本願なお願いでしたが、田中先生は編集者の「中野さん」と明石書店の「大江さん」をご紹介くださったうえ、ご自身の忙しいスケジュールを割いて、序文とコメントとキャッチトークで参加という「ゲスト（超豪華!!）」というにはあまりに贅沢に過ぎる「ふんどし」どころか「化粧まわし」を与えてくださいました。

中野さんは僕の話を、時間をかけて丁寧に聞き取って文章にしてくださいました。最初の原稿がある程度できた頃、僕に起こった個人的な出来事のために、それまでの原稿をもう一度見直さなければならないこともありました。それでも中野さんは、丁寧に僕の想いを文章にまとめてくださいました。

その後も中野さんは僕と読み合わせをしながら一文ずつ推敲し、内容を詰め、大枠の原稿ができたところで、田中先生がエピソードに感想を加えてくださり、最後にキャッチトークをオンラインで行い、その内容をやはり中野さんが文章にしてくださいました。

そうしてできていく原稿を、大江さんが都度校閲してくださり、最終的にオンラインでいくつかの確認をいただきました。

田中先生へのメールから4年という歳月を経て、今、あとがきを書いています。でき上がったこの本は、いわば「玩具付きガム」。もちろん、今書いているこれが「ガム」です（笑）。

出版に至ることができたのは、田中康雄先生、編集者の中野明子さん、明石書店の大江道雅さんの忍耐力あってこそ。と、ここに明言いたします。本当にありがとうございます。

そしてこの「あとがき」ですが、その編集者、中野さんのお力を（あまり）お借りせずに書いております。特に以降の文章は、「今、僕の頭の中にあること」の羅列です。危険です。冒険です。皆様には（僕を担当する編集者になったつもりで）、特段の「合理的配慮」をいただきお読みくださいますことを切にお願い申し上げます。

僕は、「当事者のことは当事者でなければ分からない」といった考えが好きではありません。それじゃ他者のことに関心を抱く必要すらなくなってしまいそうだから。かといって、「想像力があれば、他者の気持ちは理解できる」といった考え方も好きではありません。本当にそうなら世界はもっと平和なんじゃないかと思ってしまうから。

大体、自分のことさえ理解に苦しむのに、他人を理解できる・他人に理解してもらえるって思うのはずいぶん矛盾しているように感じてしまって、とてもそんなふうには思えない。

小学生の頃、道徳という授業があったけれど、僕はその時間がとても嫌いだった。だって「正しい答え」はいかにも嘘っぽいのに、先生に当てられたら「正しい答え」を言わなきゃならないと思っていたから。

今、福祉には商いの性質も強くあります。この本を作る過程で、「福祉がテーマの本で、お金の話は避けたほうがいいのかしら？」という疑問が浮かびましたが、福祉現場はもはや市場競争の只中にあり、お金がなければ働いてくれる人が生活できないことも他のサービス業と変わらない。だから、福祉はお金の話がしにくいって何でかね？と、敢えて「お金、大事です！」と書かせていただきました。

そりゃあ福祉にばかり予算を割けないのは当然のことだけど、なきゃ困るのも福祉。人材が欲しくても（予算額は上がっているのに）実質の報酬は下がる一方で、ますます非正規雇用が当たり前になる福祉業界。ただでさえ少子化で労働者人口が減っているのに、このまま（つらい現場の割に実入りが少ない）じゃ担い手がいなくなりそうな現状……。実際、予算を立てる立場の方々はその辺をどう考えているのかが知りたい。

僕は障害年金を受給しています。それは、税金など皆さんが払ってくれたお金の一部を僕の生活のために、僕個人に対して分けてもらっているということ。つまり、僕の生活は日本中の人たちに助けてもらって成り立っているとも言えます。なので、この場をお借りして、せめて、読んでくださった方々にだけでもお礼が言いたい。

「皆さんから分けていただいた大切なお金、適切に使えているかは分かりませんが、楽しく生きるために使わせていただいています。本当にありがとうございます」

あ、あと、本編にはあまり登場していないけれど、社会に生きる障害者の先輩である「ぴあねっと・まつもと」の降幡和彦所長に特別の感謝を。いつも助けてくれてありがとうございます。

「結局、何が言いたいの?」と聞かれるとすごく困りますが、何が言いたいかお分かりいただけましたでしょうか?

〜・

……といったような（本当はもっと回りくどくて、長くて、途中で何が言いたかったのか自分でも分からなくなる）、いろいろな僕の想いや考えを、パズルを組み上げるように本にしてくださったのが中野さんです。

そんな僕の個人的なモヤモヤの出版を承諾してくださったのが明石書店の大江さんです。

僕に機会を与え、支離滅裂で飛びまくった僕の話をニコニコと聞いて、ちゃんとそれに応える形で素敵なお話を聞かせてくださったのが田中先生です。

そして、日常的にこの会話に付き合ってくれているのが妻の須真子さんです。

「あ〜！この頭面倒!!」と思いながら、この頭で生きているのが僕です。

皆さま、いつもありがとうございます！

そして、最後までお付き合いくださり、本当にありがとうございました!!

【著者】
山口 政佳（やまぐち・まさよし）
発達障害者。ピア・カウンセラー。
COMMON SENSE MATSUMOTO 合同会社　グループホーム ここっち運営者・サービス管理責任者。

【ゲスト】
田中 康雄（たなか・やすお）
こころとそだちのクリニックむすびめ院長。児童精神科医師。臨床心理士。北海道大学名誉教授。
『僕の児童精神科外来の覚書――子どもと親とともに考え、悩み、実践していること』（日本評論社、2022年）、『「発達障害」だけで子どもを見ないで　その子の「不可解」を理解する』（SB クリエイティブ、2019年）

ADHDの僕がグループホームを作ったら、モヤモヤに包まれた
――障害者×支援＝福祉??

2023年3月31日　初版第1刷発行

著　者　山口 政佳
ゲスト　田中 康雄
企画編集　中野 明子
発行者　大江道雅
発行所　株式会社 明石書店
〒101-0021 東京都千代田区外神田 6-9-5
電話 03（5818）1171　FAX 03（5818）1174
振替　00100-7-24505
https://www.akashi.co.jp/
装丁　明石書店デザイン室
印刷・製本　モリモト印刷株式会社

（定価はカバーに表示してあります）　ISBN978-4-7503-5523-8